——————————— 님의 소중한 미래를 위해

이 책을 드립니다.

주식을 싸게 사서 비싸게 파는 실전매매법

주식을 싸게 사서 비싸게 파는 실전매매법

주린이도 술술 읽는 주식 매매의 모든 것

오명근(역전사투) 지음

메이트북스

메이트북스 우리는 책이 독자를 위한 것임을 잊지 않는다.
우리는 독자의 꿈을 사랑하고,
그 꿈이 실현될 수 있는 도구를 세상에 내놓는다.

주식을 싸게 사서 비싸게 파는 실전매매법

초판 1쇄 발행 2020년 11월 10일 | **초판 3쇄 발행** 2020년 12월 15일 | **지은이** 오명근
펴낸곳 ㈜원앤원콘텐츠그룹 | **펴낸이** 강현규 · 정영훈
책임편집 안정연 | **편집** 유지윤 · 오희라 | **디자인** 최정아
마케팅 김형진 · 차승환 · 정호준 | **경영지원** 최항숙 · 이혜지 | **홍보** 이선미 · 정채훈
등록번호 제301-2006-001호 | **등록일자** 2013년 5월 24일
주소 04607 서울시 중구 다산로 139 랜더스빌딩 5층 | **전화** (02)2234-7117
팩스 (02)2234-1086 | **홈페이지** www.matebooks.co.kr | **이메일** khg0109@hanmail.net
값 17,000원 | **ISBN** 979-11-6002-311-4 03320

이 도서의 국립중앙도서관 출판시도서목록(CIP)은 e - CIP홈페이지(http://www.nl.go.kr/ecip)에서
이용하실 수 있습니다.(CIP제어번호 : CIP2020044734)

인기 주식은 빠르게 상승한다.
그러나 희망과 허공만이 높은 주가를 지탱해주기 때문에
상승할 때처럼 빠르게 떨어진다.
기민하게 처분하지 못하면 이익은 손실로 둔갑한다.

• 피터 린치(월가의 투자전문가) •

원론적인 이야기만 하는
주식책들의 한계를 뛰어넘다!

유동성의 힘? 여전히 주식시장은 위험하다!

코로나19에 따른 경제위기 상황에서 각국이 경기부양 정책을 펼치면서 주식시장이 활기를 띠게 되었습니다. 그러면서 공매도 금지 초기인 2020년 3, 4월에 주식투자를 시작한 투자자가 수익을 보고 있다는 소문이 퍼지고, 부동산 급등에 따른 소외계층의 대체 자산증식의 투자처로 주식이 급부상합니다. 그리고 이러한 주식투자 붐은 2018년 비트코인 광풍의 주역인 '코린이'의 재판(再版)으로 '주린이'의 등장을 이끌어냅니다.

2020년 9월말 거칠 것 없을 것만 같았던 일명 '동학개미'들의 기세가 위기를 맞습니다. 2020년 3월, 정부의 6개월 공매도 금지조치 때 7조원 규모였던 신용융자가 2020년 9월 17조 9천억원을 기록하면서 일부 증권사가 신용융자를 막았습니다. 정부에서도 동학개미들에게 레버리지투자에 대한 경고를 하기 시작했고, 주식시장은 외국인과 기관의 매도 공세에 개인투자자들은 극도의 혼란에 빠지게 됩니다.

이제는 '주식으로 돈을 벌어보겠다'는 희망이 '어떻게 하면 원금을 찾을 수 있을까' 하는 바람으로 망망대해에 떠도는 작은 돛단배처럼 매우 위험한 상황에 처하게 됩니다. 이것이 2020년 현재, 한국 주식시장의 현실입니다.

신용융자는 증권사에 이자를 내고 돈을 빌리는 행위입니다. 본인의 신용금액이 원금의 일정비율을 하회하면 '반대매매'가 발생하게 되는 매우 위험한 자금을 겁없이 사용한 '주린이'들은 처음 겪는 조정장을 어떻게 대응할지 우려가 큽니다. 이런 가운데 주린이들은 '주식시장은 우량주를 사서 묻어두면 저절로 수익이 나올 것'이라고 알고 있던 당연한(?) 상식이 처참히 깨져버리는, 또 다른 주식시장의 실체를 정면으로 직면하게 됩니다.

주식투자에서 초보와 고수의 차이는 무엇일까요? 차트를 보는 눈? 재무재표를 보는 실력? 미래를 예측하는 예지력? 개인투자자와 기관, 외국인, 세력의 차이는 무엇일까요? 자금력? 정보력? 차트 롤링 능력? 다 맞는 말입니다. 초보와 고수의 차이는 '시장을 있는 그대로 인정하느냐 그렇지 않느냐'의 차이입니다.

개인투자자와 기타 세력주체의 차이는 '종목의 시세를 스스로 만들 수 있느냐 없느냐'의 차이입니다. 그러면 우리는 초보라는 딱지를 떼고 고수라는 명찰을 달기 위해 종목의 시세를 만드는 세력의 존재를 그대로 인정해야 합니다. 즉 시장에 순응하고 적응하는 법을 배워야 합니다.

주식시장은 결코 만만치 않습니다. 세력은 개인투자자의 주머니를 털기 위해 온갖 수단과 방법을 가리지 않고 불법과 유언비어를 남발하며 시세를 만듭니다. 그리고 주식을 고가에 개인에게 넘기고 돈을 챙겨 유유히 사라집니다. 증권사, 신문사, 방송사 사람들이 당신에게 왜 정보를 주겠습니까? 그들이 진정 당신 편이라고 생각합니까? 그렇게 생각하면 오산입니다. 당신은 그들(기관, 외국인, 세력)의 먹잇감일 뿐입니다.

개인들이 주식투자로 손실을 보는 이유와 해법

개인들이 주식시장에서 손실을 보는 이유는 크게 다음과 같이 5가지입니다.

첫째, 잦은 매매를 하기 때문입니다. 주식은 특별한 이유가 아니라면 오르고 내리기를 반복하는데, 개인투자자는 자신이 보유한 종목이 오르지 않거나 하락하는 경우, 보유 종목을 매도하고 다른 종목으로 갈아타기를 반복합니다. 이유는 욕심 때문입니다. 다른 종목은 잘 가는 것 같은데 내가 가진 종목은 왜 이렇게 움직이지 않나 싶습니다.

이런 착각과 욕심으로 잦은 매매를 하게 되고, 손실이 발생하면 복구하기 위해 더 잦은 매매를 하게 되면서 계좌는 엉망이 되고 맙니다. 1회 매매 시에 세금과 수수료로 0.3% 이상 손실이 발생하면서 손실은 급격히 불어나고, 자본금은 급격히 쪼그라듭니다.

둘째, 갑작스런 악재가 등장하기 때문입니다. 주식을 하다 보면 전혀 예상치 못했던 악재가 발생하는 경우가 있습니다. 이런 경우 주식시장은 폭락하면서 엄청난 공포에 휩싸이게 되는데, 2001년 알카에다에 의한 9·11테러 사건, 2008년 금융위기, 2020년 코로나19 사태 등이 그 예가 됩니다. 9·11테러 당시 4일간 주식시장은 극심한 공포에 휩싸였습니다.

2007년 미국 서브프라임 모기지 사태로 시작해 리먼브라더스 파산으로 이어진 2008년 금융위기는 약 6개월간 주식시장을 공포로 몰아넣었습니다. 2019년 코로나19 사태로 인해 약 한 달간 주식시장은 투자자들에게 엄청난 손실을 안겨줍니다. 지수차트가 이렇게 대폭락하면, 종목별 하락률은 반토막 또는 그 이상으로, 주식보유자는 공포에 휩싸여 손실을 줄이기 위해 주식을 손절하게 됩니다.

셋째, 실적이 부진한 종목을 보유하고 있기 때문입니다. 주식투자의 기본은 성장하는 기업에 투자하는 겁니다. 그런데 기업의 실적은 끝없이 성장하는 것이 아니라 성장과 부진을 반복하면서 변동성을 띄게 되는데, 단기적 실적 부진을 피하지 못하면 단기적 주가하락으로 인해 주식투자에서 손실을 보게 됩니다.

단기적 실적 부진의 경우 실적을 회복하면 주가도 다시 상승하게 되지만 실적 부진이 장기간 지속될 것으로 예상되면 3~10년까지도 주가가 지지부진하거나 하락할 수 있습니다. 그렇게 되면 투자의욕을 상실할 수 있습니다.

넷째, 부실종목을 보유하고 있기 때문입니다. 부실종목은 기업의 계속성에 의문이 생기는 경우입니다. 분식회계를 저질렀거나 불성실공시로 벌점이 많거나 실적이 연속 적자가 발생하거나 배임, 횡령 등으로 거래소 규정에 의해 관리종목이나 상폐종목이 되는 종목을 보유할 경우 큰 손실을 피할 수 없게 됩니다.

다섯째, 급등주를 추격매매하기 때문입니다. 개인이 저지르는 가장 큰 실수 중 하나입니다. 단기간에 큰 수익을 좇는 개인의 특성상, 급등주에 대한 매매 유혹은 피할 수 없게 되는데 급등주를 좇아 매매하면서 개인투자자는 큰 손실을 기록하는 경우가 많습니다. 한두 번은 성공할 수 있지만, 작은 수익과 큰 손실을 반복하면서 결국 투자 실패로 결론이 납니다.

개인들이 주식투자에서 수익을 내려면 개인투자자가 손실을 보는 앞의 5가지 이유를 스마트하게 피하면 됩니다.

- 잦은 매매 → 잦은 매매를 하지 않으면 됩니다.
- 갑작스런 악재 등장 → 갑작스런 악재는 피할 수가 없으니 현금을 남겨 둬야 합니다.
- 실적 부진 종목 보유 → 실적이 좋아지는 종목을 보유하면 됩니다.

- 부실종목 보유 → 부실종목은 쳐다보지도 않으면 됩니다.
- 급등주 추격매매 → 급등주는 회피하고 저점에서 분할매수하면 됩니다.

간단하지요? 그러나 우리 주식시장의 현실은 개인투자자가 너무나 큰 손실을 보고 있으며, 온갖 속임수와 거짓말, 그리고 단기매매를 부추기는 SNS와 정보들, 개인투자자의 가장 큰 약점인 마인드컨트롤 통제 부족까지 더해져 초보투자자들의 경우 주식시장에 진입하면서부터 큰 어려움을 겪게 됩니다.

주식시장에서 살아남는 실전 노하우는 따로 있다!

이 책에서는 개인투자자, 특히 초보투자자들이 주식시장에 진입하면서 겪게 되는 금전적 손실과 심리적 불안감을 최소화하고, 개인투자자들이 알고 싶어 하는, 반드시 알아야 하는 주식시장의 기본 지식, 차트 분석법과 더불어 주식시장에서 살아남기 위한 기본 마음자세까지 알려주고자 합니다.

기존에 이론적 분석과 원칙에만 치중했던 서적들과 달리 실전투자의 예를 들어 쉽게 설명하면서 자연스럽게 주식시장에서 살아남는 법을 알려주고자 합니다. 오직 개인투자자를 위한 투자지침서이기 때문에 기술적 분석을 위주로 한 내용이 대부분을 차지할 것입니다.

개인투자자는 자금이 여유롭지 않고 단기투자 성격이 강하기 때문에 기술적 분석에 따른 매매를 선호하게 됩니다. 또한 자금이 풍부하고 장기간 투자가 가능한 기관투자자나 외국인은 기업분석을 통한 성장 가능성에 주로 투자하게 됩니다.

주식투자는 마인드컨트롤이 60% 이상, 기술적 분석과 기본적 분석이 40% 정도를 차지할 정도로 마인드컨트롤이 중요합니다. 그러므로 주식투자는 차트나 기본적 이론이 중요해 보이지만 사실은 자신 자신과의 싸움, 즉 자기 통제력이 얼마나 강한가에 따라 성공과 실패가 좌우될 만큼 멘탈관리가 중요합니다.

이론적으로 주식투자는 머리 좋은 사람, IQ가 높은 사람, 증권사에서 일하는 사람이 주식을 잘할 것 같습니다. 하지만 현실은 이러한 조건들과 전혀 관계가 없습니다.

저는 자기 자신을 잘 통제하는 사람, 윤리적으로 문제가 없는 사람, 적응력이 강한 사람이 주식시장에서 오래 살아남는 것을 훨씬 더 많이 봐왔습니다.

이처럼 이 책에서는 시장에서 살아남기 위한 마음가짐과 자세와 함께 기타 중요한 시장의 시그널과 주식시장에서 자주 접하게 되는 여러 상황들을 실제 예를 통해 설명하며 상황분석에 따른 대처 방법 등도 소개합니다.

이 책은 원론적인 이야기만 하는 주식책의 한계를 뛰어넘는 것을 목표로 하고 있습니다. 독자의 노력 여하에 따라 이 책은 인생 최고의 보물이 될 수도 있고, 라면 받침대로 전락할 수도 있습니다. 행간의 의미를 잘 파악하기 위해서는 반복해서 읽기를 권해 드립니다.

이 책은 철저하게 초보투자자들과 개인투자자들을 위해 집필되었습니다. 책을 다 읽고 책을 덮는 순간, 여러분은 주식초보자에서 중급 이상의 투자자로 거듭남을 느낄 수 있을 겁니다.

앞으로는 초보투자자에게 더 험난한 상황이 전개될 것으로 예상됩니다. '주린이'라는 껍질을 벗고 아름다운 나비로 다시 태어나기 위해 뼈를 깎는 고통을 견디며 공부하고 있는 초보투자자들에게 이 책이 예측불가의 주식시장에 어떻게 대응하고, 주식투자의 실체가 무엇인지 보다 명확하게 알려주는 등불 같은 지침서가 되기를 바랍니다.

오명근(역전사투)

차
례

1장 / 차트분석, 이보다 더 쉬울 수 없다

2장 / 멘탈관리 못 하면 주식투자 절대 하지 마라

3장 / 주식 초보투자자를 위한 돈 되는 알짜 정보들

차트는 후행입니다. 투자자는 차트에 선행하는 직감과 예측력을 키워야 합니다. 자신만의 무기? 그런 건 개나 줘버리세요. 나이프에, 권총에, 기관총에, 수류탄까지 다 들고 덤벼도 주식시장이라는 전쟁터를 유린하는 세력을 이기기 힘듭니다. 개인 투자자에게 필살기 같은 건 없습니다. 꿈 깨세요! 주식시장에서 살아남으려면 노력, 열정 그 이상의 다른 무엇인가가 필요합니다.

1장

차트분석,
이보다 더 쉬울 수 없다

기술적 분석과
기본적 분석

주식투자 분석의 가장 큰 갈래인 기술적 분석과 기본적 분석을
잘 이해하고, 기본 봉 형태가 품고 있는 의미를 파악합니다.

주식투자를 할 때 크게 2가지 방향으로 공부하게 되는데, 기술
적 분석과 기본적 분석입니다. 기술적 분석은 차트와 거래량, 기
타 보조지표를 분석해 투자하는 방법이며, 기본적 분석은 기업의
재무제표와 영업활동의 내용을 분석해 투자하는 방법입니다.

이 2가지 분석법은 독립적으로 운영되는 것이 아닙니다. 이 2가
지 분석법이 상호 보완적이며 적절히 조화가 이루어졌을 때 최상
의 투자 결과를 가져올 수 있습니다. 주식투자의 가장 기본인 기
업의 연속성에 문제가 없고 더 나아가 발전 가능성에 바탕을 둔
기본적 분석을 기초로 해서 매매 타이밍을 잡는 기술적 분석을 익
혀야 치열한 주식시장에서 살아남을 수 있습니다.

기술적 분석과 기본적 분석의 장단점

기술적 분석과 기본적 분석은 그 자체로 완벽하지는 않습니다. 이 2가지 분석법은 각각 장단점을 가지고 있습니다.

기술적 분석의 장점은 거래량 및 이동평균선 등의 분석을 통해 적절한 매수와 매도타이밍을 잡을 수 있다는 것입니다. 단점은 기업의 재무상황을 등한시하고, 차트에만 의존하는 매매를 하게 된다는 것입니다.

기본적 분석의 장점은 재무제표 분석을 통해 회사의 안정성과 성장을 기본으로 안전한 투자가 가능하다는 것입니다. 단점은 숫자에만 집착하게 되면, 시장의 움직임과 시세의 변화에 둔감해진다는 것입니다.

개인투자자는 자금이 여유롭지 않으며 단기투자 성격이 강하기 때문에 기술적 분석에 따른 매매를 선호하게 됩니다. 반면에 자금이 풍부하고 장기간 투자가 가능한 기관투자자나 외국인은 기본적 분석을 통해 투자하는 경우가 많습니다.

이 책은 기본적으로 개인투자자를 위한 투자 지침서이기 때문에 기술적 분석을 위주로 한 내용이 대부분을 차지할 것이며, 개인투자자도 반드시 알고 있어야 하는 기본적 분석의 일부를 소개할 것입니다.

봉의 이해

봉이란 주가 움직임을 막대 형태로 표현한 것입니다. 봉의 모양을 이해하고 분석함으로써 봉이 내포한 지지와 저항의 의미뿐 아니라 이후 주가의 흐름과 매수·매도의 가장 기본적 자료로 삼습니다.

아침에 주식시장이 열리면 주가는 한순간도 멈춤 없이 움직이는데, 이 주가의 움직임인 시가, 종가, 고가, 저가를 막대 형태로 만들어 기술적 분석의 가장 기초가 되는 봉으로 표현합니다. 매일매일의 주가 움직임인 봉을 분석함으로써, 주식이 어떤 과정을 거쳐 지금의 봉을 형성했고 미래에 어떤 식으로 봉을 만들고 차트를 그려 나갈지를 예측하는 과정은 기술적 분석의 원초적 작업입니다. 각 봉이 나타내는 의미와 봉과 주가, 거래량의 관계까지 복합적으로 분석하는 방법의 이해는 초보자에게 매우 중요합니다.

봉의 종류는 다음과 같습니다.

- 양봉 : 종가가 시가보다 높게 끝나는 경우(빨간색).
- 음봉 : 종가가 시가보다 낮게 끝나는 경우(파란색).
- 십자봉(샛별) : 일간 상하 움직임은 있었으나 종가와 시가가 같은 경우.
- 윗꼬리봉 : 장중 고가 달성 후 고가 아래서 끝나는 경우(양봉, 음봉).
- 아랫꼬리봉 : 장중 저가 달성 후 저가 위에서 끝나는 경우(양봉, 음봉).
- 일봉, 주봉, 월봉 : 당일, 1주간, 1개월의 시가와 종가 움직임을 종합한 것.

봉의 종류에 따른 해석

■● 그림 1-1-1 양봉과 음봉

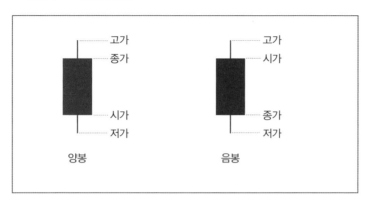

양봉

양봉은 종가가 시가보다 높게 형성되는 경우로 장의 시작 시간인 오전 9시의 가격보다 장 마감인 오후 3시 30분의 가격이 높고, 힘의 방향성이 위로 형성됩니다.

주식의 힘은 주가를 의미합니다. 양봉은 주가의 방향성이 위로 향함을 의미합니다.

음봉

음봉은 양봉과 반대의 경우라고 생각하면 됩니다. 장의 시작 시점보다 장 후반으로 갈수록 힘의 방향이 아래로 향해 힘의 부족 현상이 일어남을 의미합니다.

위로 올리려는 힘보다 아래로 향하는 힘이 강하기에 음봉이 나옵니다. 음봉인 경우 익일 주가 형성에 부정적 영향을 미칠 가능성이 있습니다.

십자봉

십자봉은 매수와 매도가 힘의 균형을 이루는 상황입니다. 십자봉이 나오는 경우는 주가의 방향성이 머지않아 곧 결정된다는 의미입니다.

하락이나 조정 도중에 나온 십자양봉은 주가의 상승 전환 의미를 내포합니다(하락 후 일정 기간 십자봉이나 짧은 단봉이 연속적으로 나올수록 확률이 높아집니다). 상승전환 도중 나오는 십자봉은 매집 또는 하락 전환을 내포합니다(상승 후 고점 부근에서 십자봉이 한두 개 나오면 경계해야 하는데, 상하한폭이 30%로 확대된 지금은 더욱 조심해야 합니다).

■● 차트 1-1-2 십자봉

윗꼬리봉

윗꼬리봉 양봉은 몸통이 있는 경우, 주가가 힘의 방향을 위로 잡은 상황에서 매물 소화과정 중이거나 물량 매집인 경우로 긍정적으로 판단되는 경우도 있습니다.

그러나 양봉의 몸통보다 윗꼬리 부분이 2배 이상 길면 향후 위로 매물 저항이 강하게 작용할 가능성이 있으며, 당일 단타세력의 장난질일 경우도 있으므로 주의해야 합니다.

윗꼬리봉 음봉의 경우 주가가 고점인 상황에서 나오는 음봉은 매물의 축적으로 주가의 하락을 가져올 경우가 많고, 저점인 경우는 추가 하락 가능성을 의미합니다. 윗꼬리 음봉인 경우는 경계가 필요합니다.

■● **차트 1-1-3 윗꼬리봉**

아랫꼬리봉

아랫꼬리봉 양봉이 주가의 하락 도중 발생하는 경우 상황의 반전을 의미하며, 아랫꼬리 부근에서 지지선이 형성됨을 의미합니다. 몸통이 있는 아랫꼬리봉의 경우 몸통의 상단부터 꼬리까지 지지의 폭이 넓습니다.

특히, 바닥에서 상승장악형이라 불리는, 전일의 봉을 감싸는 긴 양봉이 발생하면 더욱 강력한 상황의 반전을 가져오고 지지선도 강력하게 형성하게 됩니다.

주가의 상승 도중 발생하는 긴 아랫꼬리 음봉은 물량의 추가 매집보다는 고점에서 물량을 털려는 하는 의지가 강하므로 경계해야 합니다. 아랫꼬리를 무조건 매집으로 보는 사람들이 많은 관계로 세력들은 물량을 터는 수법으로 자주 이용합니다(아래 차트 1-1-4의 파란 화살표).

■● **차트 1-1-4 아랫꼬리봉**

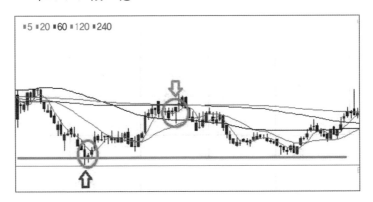

양봉과 음봉의 의미를 더 자세히 이해하자

■● 그림 1-1-5 양봉

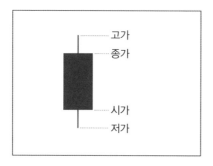

양봉의 의미

주가가 상승하려면 현재 가격에서 위로 가격을 올려서 매수하려는 힘이 있어야 합니다. 주가를 올리려면 수급이 따라야 하며, 수급이 따르려면 종목에 사람이 몰릴 만한 재료가 있거나, 실적의 상승 등 제반 여건이 뒤따라야 합니다.

주가를 위로 올리려는 힘은 새로운 자금의 진입을 의미합니다. 자금의 진입이 주가상승으로 이어지기 때문에 '신규자금의 진입'과 '힘의 상향'이라는 2가지 중요한 의미를 지닙니다.

자금이 들어와도 힘의 상향이 없으면 아래에서 받아먹는 형태가 됩니다. 그래서 역망치나 긴윗꼬리가 나오게 되므로 양봉의 출현은 상당한 의미가 있다고 봐야 합니다.

양봉의 발생은 시가보다 종가에 높은 가격으로 진입한 자금과 힘이 존재함을 의미합니다. 그러므로 익일 주가의 방향성을 위로 예상한 힘이 존재함을 내포합니다.

단, 양봉이 나오더라도 거래량이 뒷받침되지 못한 양봉은 단기매매의 단기자금 성격이 강하므로 큰 의미를 두기 힘드나, 최근에는 거래량 없이 작은 양봉을 여러 차례 출현시키면서 물량을 매집하는 경우도 다수 발생하고 있습니다.

또한 하락 도중에 나오는 짧은 양봉의 경우는 2가지로 볼 수 있습니다. 짧은 양봉의 연속적 출현은 바닥임을 암시할 수 있으나 한두 개 짧은 양봉을 세우고 내리밀어버리는 거짓양봉인 경우도 있으므로 하락 도중에 나오는 양봉은 3일 이상 지켜본 후 진입을 결정해야 합니다.

긴 양봉이 나오는 경우는 거래량이 뒷받침될 경우 시세의 시작이거나 반전이 일어나는 경우가 많습니다. 그러므로 시세의 연속성을 주의 깊게 관찰할 필요가 있습니다. 또한 양봉은 기술적 분석 상으로 시가부터 저점을 거쳐 종가까지 고르게 지지선이 분포되어 있어 주가의 하방에 대한 지지력이 매우 강합니다.

■● 그림 1-1-6 양봉이 나온 후의 지지구간

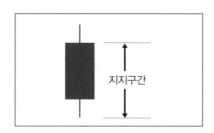

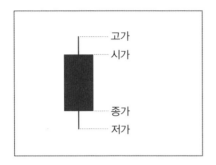

고가
시가
종가
저가

음봉의 의미

음봉은 일간 매매주체의 심리적 비적극성, 추가 하락에 대한 우려 등 주가 전반에 걸쳐 부정적 의미를 나타냅니다.

주가상승 도중 음봉의 출현은 주가의 반락을 가져오는 경우도 있으나, 매물의 소화와 더불어 세력의 물량 매집에 이용되는 경우도 있어 힘의 균형을 잘 파악해야 합니다.

음봉이 주가 하락 도중에 나오는 경우는 힘의 방향이 추가로 아래로 향하고 있음을 의미하고, 주가상승 도중에 나오는 음봉의 경우는 거래량의 추이와 봉의 위치 등을 복합적으로 고려해서 판단해야 합니다.

음봉이 발생하는 경우 단봉은 큰 의미를 둘 필요가 없으나 거래가 실린 장대음봉인 경우에는 적극적으로 위험 회피에 대한 조치를 취해야 합니다. 왜냐하면 이후 이야기할 음봉 기준봉의 역할을 하게 되므로 강한 저항대가 형성됨을 의미하기 때문입니다.

■● 차트 1-1-8 장대음봉의 발생

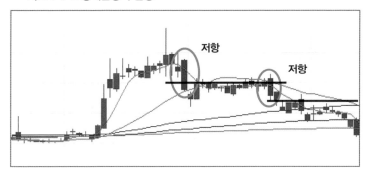

설마가 사람 잡는 곳이 주식시장입니다. 그러므로 양봉과 음봉의 원리와 기준을 머릿속에 명확히 넣고 올바른 판단을 내려야 합니다. 물론 이론과 다르게 가는 경우도 많이 발생할 수 있으나 주식은 확률게임임을 감안할 때 주관적 판단보다는 보다 객관적 관점으로 접근해야 합니다(양봉, 음봉, 지지선에 대한 이야기는 뒤에서 자세히 설명합니다).

이동평균선(이평선)의 이해

가장 많이 이용하는 기술적 지표인 이동평균선 개념을 이해하고
이동평균선 매매의 구체적인 사례와 주의점에 대해 알아봅니다.

주가는 기업 실적이나 업종 업황, 시장 전체의 흐름에 따라 움직이는데, 주가흐름을 분석해 미래주가를 예측하고 투자 기간을 결정하는 데 가장 많이 사용되는 지표가 주가 이동평균선입니다.

이평선은 주가의 흐름을 선으로 이어서 나타낸 주가흐름의 지표입니다. 일간, 주간, 월간 주가의 움직임을 막대 형태로 표현한 것이 봉이라면, 5일, 10일, 20일, 60일 등 일정기간 동안의 주가 흐름을 선으로 이어 현재 주가의 위치가 장단기 흐름의 어느 위치에 있는지 분석하는 데 유용하게 사용됩니다. 예를 들어 5일선은 5일간 주가의 평균치를 계산해 선으로 이은 것이고, 20일선은 20일간 주가의 평균치를 계산해 선으로 이은 것입니다.

일자	종가	대비		등락률
07/03	13,000	▼	100	-0.76
07/02	13,100	▲	700	+5.65
07/01	12,400	▲	250	+2.06
06/30	12,150	▼	100	-0.82
06/29	12,250	▲	100	+0.82

　　이 종목의 7월 3일 종가의 5일선은 '(12,250+12,150+12,400+ 13,100+13,000)/5'로 계산해 12,580원이 되며, 7월 4일 시초가 5일선은 '(12,150+12,400+13,100+13,000+13,000)/5'로 계산해 12,730원이 됩니다.

　　이런 식으로 매일 나오는 주가(종가)의 평균치를 이으면 5일선, 20일선, 60일선이 됩니다. 즉 당일의 5일선은 고정된 것이 아니고 당일의 주가에 따라 하루 종일 계속 바뀌게 됩니다. 마찬가지로 20일선, 60일선도 미세하지만 하루 종일 계속 바뀌고 있는 겁니다.

상승 추세와 하락 추세의 예

상승 추세(정배열)의 예

　　주가가 모든 이동평균선 위에서 움직입니다. 주가 아래에 5일 선, 20일선, 60일선, 120일선이 차례대로 위치합니다.

■● 차트 1-2-2 상승 추세(정배열)의 예

하락 추세(역배열)의 예

하락 추세(역배열)인 경우에는 주가가 모든 이동평균선 아래에서 움직입니다. 즉 현재의 주가 위에 5일선, 20일선, 60일선, 120일선이 차례대로 위치합니다.

■● 차트 1-2-3 하락 추세(역배열)의 예

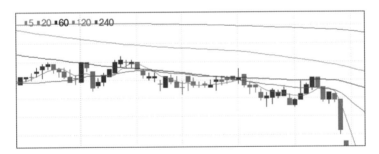

이평선 매매의 이해

이평선 매매는 주가가 5일선, 20일선, 60일선 등에서 지지가될 것을 예상하며 차트 1-2-4에서 보듯 이평선 근방에서 매수하는 방법입니다.

■● 차트 1-2-4 이동평균선 매매

5일선 매매는 시세선매매 또는 생명선매매라 불리는데, 일반적으로 주가가 급등중이거나 추세 되돌림시 초기에 하는 매매법입니다. 그리고 20일선 매매는 추세선매매 또는 심리선매매라 불리는데, 추세가 안정적 흐름을 보일 때 눌림목 개념으로 접근하는 매매법입니다.

60일선 매매는 수급선매매라 불리는데, 상승 추세가 한풀 꺾이고 주가가 기간조정을 들어간 후 접근하는 초기 매매법입니다.

120일선 매매와 240일선 매매는 장기시세선매매라 불리는데, 시세가 완전 조정국면에 들어간 후 다시 상승을 모색하기 위한 지점을 잡기 위한 매매법입니다.

5일선 매매의 예

5일선 매매를 YG PLUS와 카카오의 사례를 통해 살펴보겠습니다.

■● **차트 1-2-5 5일선 매매의 예(YG PLUS)**

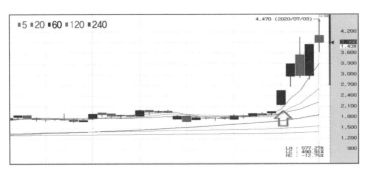

차트 1-2-5는 급등이 시작된 YG PLUS로, 급등이 시작된 종목은 종가로 5일선이 무너지지 않으면서 계속 홀딩해 가져가는 사례입니다.

■● 차트 1-2-6 5일선 매매의 예(카카오)

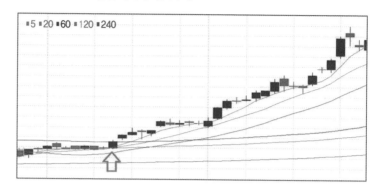

차트 1-2-6은 주가가 5일선을 올라 탄 지점부터 5일선이 무너지기 전까지 계속 홀딩한 사례입니다.

20일선 매매의 예

20일선 매매를 엔씨소프트의 사례로 살펴보겠습니다.

■● 차트 1-2-7 20일선 매매의 예(엔씨소프트)

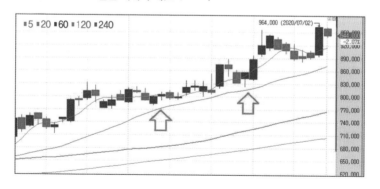

120일, 240일선 매매의 예

120일, 240일선 매매를 삼성바이오로직스의 사례로 살펴보겠습니다.

■● 차트 1-2-8 120일선, 240일선 매매의 예(삼성바이오로직스)

상승 추세 중 코로나19로 인해 급격히 조정을 받았으나 240일선에서 반등해 20일선을 타고 지속적으로 상승중인 종목입니다. 대체로 우량주는 해당업종의 장기적 악재가 발생하지 않으면 단기적 악재나 주가 조정 시 120일선이나 240일선에서는 조정을 마무리하는 경우가 많습니다.

일반적으로는 이동평균선 설정을 120일선까지만 설정해놓는 경우가 많은데, 가급적이면 1년 주기인 240일선까지 설정해놓기를 추천합니다. 120일선과 240일선은 특히 우량주에서 상당한 의미가 있습니다.

이평선 매매의 실패 사례

차트 1-2-9에서 보듯이 주가가 각 이평선(5일, 20일, 60일)을 지지하지 못하고 흘러내리는 상황도 발생합니다.

■● 차트 1-2-9 이평선을 지지하지 못하고 무너진 실패 사례

이평선 매매는 상당히 많은 투자자가 이용하는 만큼 세력들도 그 이평선을 이용해 시세를 조작하는 경우가 많으므로 요즘 들어 점점 더 리스크가 커지는 매매법이기도 합니다.

이평선 매매는 그냥 이평선 근처에 오면 매수하고 매도하는 매우 쉬운 매매인 듯 보이나, 확률적으로 볼 때 성공률이 매우 떨어지는 너무나도 평범한 매매법이 되었습니다. 그러므로 이평선을 단순한 매매의 수단으로 이용하기보다는 현재 시세의 흐름이 우상향인지 우하향인지를 판단하는 큰 흐름의 지표로 이용하는 것이 현명합니다.

■● 차트 1-2-10 이평선을 고의로 무너뜨리는 사례

차트 1-2-10은 세력이 20일선 매매하는 투자자들에게 지속적으로 트릭을 거는 모습입니다. 이평선을 고의로 무너뜨리면서 개인투자자의 매도를 유발한 후, 지속적으로 상승하는 상황입니다. 우량주가 추세적으로 상승하는 과정에 이런 차트가 자주 발생하므로 반드시 눈에 익혀두어야 합니다.

양봉 기준봉과
음봉 기준봉의 이해

기준봉이 무엇인지 기준봉의 종류와 의미를 이해하고,
기준봉에서 지지와 저항이 어떻게 일어나는지 파악합니다.

기준봉은 주가의 초기 상승과 하락 시 주가의 지지와 저항의 기준으로 삼을 만한 봉을 말합니다. 주가의 지지와 저항은 매수와 매도의 가장 중요한 기본 지표가 되므로, 기준봉 분석을 바탕으로 최상의 매수시점과 매도시점을 찾아 투자에 적용합니다.

기준봉의 역할을 하려면 거래가 실리고 몸통이 긴 양봉 또는 음봉이 되어야 합니다. 긴 양봉과 긴 음봉에는 투자자들의 심리와 거래 가격이 그대로 반영되어 녹아들어 있고, 향후 주가의 진행 방향에 대한 시그널이 존재하므로 기준봉 발생은 주가흐름에 있어 매우 중요합니다.

주가상승 시 양봉 기준봉은 아랫꼬리부터 몸통까지 지지선이

고르게 형성되어 있고, 반면에 주가 하락 시 음봉 기준봉은 윗꼬리부터 몸통의 하단까지 매물이 산적해 있습니다.

양봉 출현 기준봉(양봉 기준봉)의 예

거래가 실리고 몸통이 긴 양봉이 출현하면서 시세의 출발 및 조정의 지지라인을 형성합니다. 조정의 지지라인은 윗꼬리가 있는 경우 종가와 몸통의 1/3~1/2 지점 즈음을 기준으로 정합니다.

그 이유는 인간의 심리상 이익구간은 잘 버틸 수 있으나 손실구간에서는 두려움에서 비롯된 매물이 쏟아질 가능성이 높기 때문입니다. 주가가 상승하기 위한 양봉의 조건을 갖추려면 다음날 지지하는 지점은 전일 평균 주가를 무너뜨리면 안 됩니다.

■● 차트 1-3-1 양봉 기준봉의 발생 예

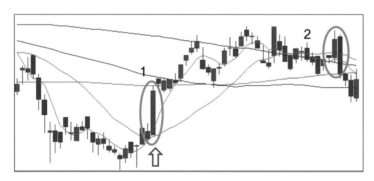

차트 1-3-1에서 1번의 경우 기준봉 양봉이 출현하고 다음날 주가가 기준봉의 1/3을 깨지 않은 모습입니다. 기준봉의 1/3 지점을 기준으로 지지선이 구축되어 그 지점을 무너뜨리지 않고 상승을 이어갑니다.

2번의 경우 기준봉 양봉이 출현했으나 다음날 악재 발생으로 전일 종가 아래서 시작하고, 결국 1/3 지점과 절반 지점을 지지하지 못하고 무너져버린 예입니다.

즉 1번의 경우는 지지선이 확실히 구축되어 있음을 알 수 있습니다. 반면에 2번의 경우는 오히려 양봉과 음봉에서 강력한 저항선이 생겼습니다.

음봉 출현 기준봉(음봉 기준봉)의 예

거래가 실리면서 몸통이 긴 음봉이 출현하며 새로운 저항지점이 발행하는 경우, 음봉 기준봉이 발행하면 기준봉의 저가부근에서 저항이 많이 발생합니다.

주가가 하락하면서 거래량이 많이 실린 장대음봉이 출현했다는 이야기는 자금의 탈출이 시가부터 종가까지 꾸준히 이루어졌다는 의미입니다. 장 마지막까지 탈출하지 못한 투자자는 심리적 불안감으로 종가 부근에서 언제든 던질 준비가 되어 있고, 장대음봉의 종가로 매수한 투자자는 반등 시 본전에라도 매도하려고 하기 때문에 주가가 반등 시 장대음봉의 종가 부근에서는 항상 큰 저항이 나타납니다.

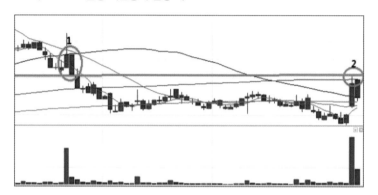

차트 1-3-2의 1번 지점에서 음봉 기준봉이 발생해 다음날도 기준봉의 하단이 저항이 되어 추가 하락하고 주가는 지속적 하락세를 면치 못하며 지지부진한 가운데 2번 지점에서 상승 전환되어 양봉이 출현하고 있으나 이전 기준봉의 아랫단의 저항을 이겨내지 못하고 다시 음봉이 나온 경우입니다(기준봉에 대한 이야기는 뒤에 또 나옵니다).

추세선에 대한
이해

주가는 일정 기간 추세를 유지하는 힘이 있습니다.
추세선의 의미, 실전에서의 추세선 활용법을 알아봅니다.

주가가 상승 혹은 하락의 방향성을 가지거나 일정 패턴으로 움직일 때 그 움직임의 의미 있는 고점이나 저점을 선으로 이어놓은 것을 추세선이라 합니다. 추세는 일종의 방향성 지표라 할 수 있는데, 상승과 하락의 방향성과 지지와 저항 가격을 동시에 내포하고 있습니다.

단, 추세선은 '상승, 하락, 박스'라는 의미를 표시한 것일 뿐 언제든 그 추세가 변할 수 있습니다. 또한 해석하는 사람에 따라 추세선의 의미가 달리 해석될 수도 있습니다.

일반적으로 상승하는 종목은 저점을 이어서 지지추세선을 만듭니다. 반면에 하락하는 종목은 고점을 이어서 저항추세선을 만듭니다. 추세는 곧 방향성이므로 미래 주가의 방향을 예측하고, 추세의 지속과 꺾임을 관찰함으로써 투자의 지속 혹은 중단을 결정하는 데 사용될 수 있습니다.

상승 추세선과 하락 추세선

상승 추세선의 예

■● 차트 1-4-1 상승 추세를 무너뜨리지 않고 상승하고 있는 차트

위의 차트 1-4-1에서 보는 바와 같이 상승중인 종목은 저점을 이어서 상승 추세선을 만듭니다. 이처럼 상승중인 종목은 저점을 이은 상승 추세선을 무너뜨리지 않고 지속적으로 상승하는 경우가 많습니다.

하락 추세선의 예

■● 차트 1-4-2 하락 추세를 유지하면서 지속적으로 하락하는 차트

차트 1-4-2에서 보는 바와 같이 하락하는 종목은 고점을 이어서 하락 추세선을 만듭니다. 하락중인 종목은 고점을 이은 하락 추세선을 돌파하지 못하고 저항을 받으며 지속적으로 하락하고 있습니다.

차트 1-4-1과 차트 1-4-2에서 보는 바와 같이 상승 추세중인 종목은 상승중 조정을 이용해 상승 추세선 근처에서 매수하며, 하락 추세중인 종목은 하락중 반등을 이용해 하락 추세선 근처에서 매도하는 것을 기준으로 합니다.

LG전자로 보는 추세와 저항

■● 차트 1-4-3 LG전자의 상승 추세대와 하락 추세대

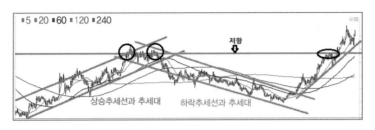

추세는 일정 추세대를 벗어나면 다시 회귀하려는 성질을 지니고 있습니다.

차트 1-4-3을 보면 추세대를 살짝 벗어나면 다시 추세대 안으로 들어오는 걸 볼 수 있고, 특별한 악재나 호재가 발생한 경우는 추세대를 상승 돌파 또는 하락 돌파하지만 일반적인 경우는 추세를 유지하며 주가가 움직입니다.

추세의 움직임에 대한 매매 적용은 중소형주보다는 대형주에 보다 유용하게 사용됩니다.

추세라는 것도 일봉과 차트가 만들어진 다음에 그려질 수 있는 후행성 지표입니다. 후행성 지표라는 것은 주가의 상승 및 하락에 따라 언제든 변화하고 바뀔 수 있다는 의미이므로, 기본 지식으로 참고만 합니다.

차트의 이해

■● 차트 1-4-4 단기 하락 추세대를 상향돌파하는 모습

차트 1-4-4는 하락 추세를 유지하던 주가가 기준봉(초록색)을 세우고 다음날 기준봉의 1/3 이상에서 주가가 지지를 받으며 추세를 전환시켰고, 단기 하락 추세대(파란색)를 유지하다가 두 번 상승기준봉을 만들고 다시 상승하는 모습입니다.

이런 경우의 매수 포인트는 1번 상승 기준봉이 나온 다음날 기준봉의 종가나 1/3 부근과 단기 하락 추세대의 세 번째 내지 네 번째 하단지점이 됩니다(차트 1-4-4의 빨간 화살표).

추세선과 추세대의 이해는 그 종목의 예정 재료나 악재를 미리 예상해 기준 저항이나 지지를 계산하면서 예상대로 주가가 움직이는지, 추세대의 상단이나 하단에 변화가 생기는지를 면밀히 관찰해보면 이해하기가 쉽습니다.

■● 차트 1-4-5 바닥을 잡고 하락 추세선을 돌파하는 모습

차트 1-4-5를 보면 파란색 하락 추세선이 있고, 초록색 지지선이 보입니다. 하락 추세선은 내려오고 있으나 지지선이 구축되는 가운데 기준봉이 나타나고, 추세는 상승 추세로 바뀌고, 주가가 상승하는 모습입니다.

이것을 추세의 반전이라고 부릅니다. 하락중이던 차트가 상승으로 반전하는 포인트입니다.

차트 1-4-5의 빨간 화살표를 보면 바닥 근처에서 거래량 없이 십자봉과 짧은 양봉이 나오는 모습이며, 이것은 이 지점이 바닥임을 암시하고 있습니다.

이런 경우 매수 포인트는 하락 추세대와 초록색지지선의 저점이 합쳐지는 기준봉이 나타나기 전 지지선 근방이며, 다음 매수 포인트는 상승기준봉 발생 다음날 기준봉의 1/3 부근이나 절반인 아랫꼬리 부근이 됩니다.

추세반전

또 다른 하락 추세반전의 예

■● 차트 1-4-6 하락중 기준봉이 나오면서 상승 반전하는 차트

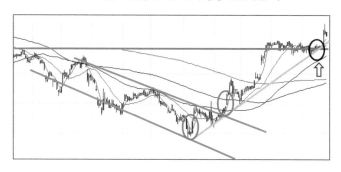

차트 1-4-6의 첫 번째 초록색선은 저항과 지지를 잘 보여주는 기준선입니다. 파란색 하락 추세대를 초록색 동그라미의 기준봉이 나오면서 추세를 돌려세우는 모습입니다. 초록색 기준봉 다음 날 주가는 기준봉을 손상하지 않고 유지되고 있으며, 상승 추세를 만들고 있습니다.

매수 포인트는 기준봉이 나온 다음날 아랫꼬리를 잡거나 노란색 상승 추세선의 하단, 그리고 검정색 부분은 상승 추세대의 하단과 지지선(노란색과 초록색선)이 겹치는 부분이라 더욱 확률이 높은 매수 포인트가 됩니다. 단, 종목의 매수나 매도는 단순히 차트만 봐서는 확률이 현저히 떨어지므로 종목의 실적이나 기타 모멘텀의 크기 등을 같이 고려해 결정해야 합니다.

상승 추세 반전의 예

■● **차트 1-4-7 상승 추세를 일시적으로 무너뜨린 차트(와이엔텍)**

차트 1-4-7은 상승 추세를 이어가던 주가가 파란색 화살표에서 상승 추세를 무너뜨린 후, 상승 추세선이 오히려 저항선으로 바뀐 예입니다.

추세선 차트는 추세선을 일시적으로 깬 후 다시금 복귀하려는 성질도 가지고 있으므로, 너무 급하게 매도하지 말아야 합니다. 홀딩하면서 추세를 다시금 올라타는지, 아니면 거래가 터지면서 음봉을 그리는지를 관찰해야 합니다.

차트 1-4-7을 종합적으로 말해보자면 9,400원 고점을 찍고 윗꼬리 음봉이 나온 날은 시세의 고점이 되며, 이후 20일선을 무너뜨리면서 추가 하락했고, 60일선에서 지지를 보이다가 화살표 지점에서 다시 60일선을 무너뜨렸습니다.

그런데 이 차트는 추세를 완전히 붕괴시킨 것은 아니고 이전 저점을 지키는 짧은 봉들이 연속적으로 나오고 있으므로(빨간색 동그라미) 추가적인 하락이 발생하는지, 직전저점을 지지 삼아 다시 상승 추세를 이어가는지를 잘 관찰해야 합니다.

우량주와 실적주는 단기 상승에 따른 매물 출회로 이와 같이 단기적 상승 추세의 하락 반전이 발생하는 경우가 많습니다. 그러나 지지선을 확보한 후 다시 이전 고점을 돌파하며 상승을 이어가는 경우도 많습니다.

이격의
이해

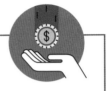

매우 중요한 이격의 의미를 자세히 이해하고,
이격 발생 시 주의사항과 접근법을 익히도록 합니다.

이격은 간격의 차이를 말합니다. 주가와 이평선 간의 간격 차이, 이평선과 이평선 간의 간격 차이를 통틀어 이야기합니다. 이격은 현재의 주가흐름 상태가 과열되어 있는지 혹은 정상진행 상태에 있는지, 투자자들의 평균 매수단가와 현재 주가가 어떤 괴리를 보이는지 등을 파악해 종목에 대한 접근과 회피의 판단 기준으로 삼기에 좋습니다.

개인투자자는 이처럼 중요한 이격을 무시하고 급등한 종목에 진입하는 실수를 상당히 많이 저지릅니다. 이격이 커지는 종목은 더 상승할 것 같이 보이지만, 리스크가 크기 때문에 각별한 주의를 기울여야 합니다.

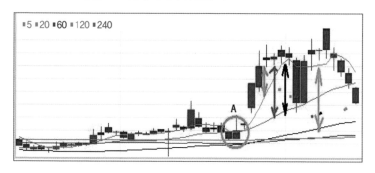

차트 1-5-1의 초록색 화살표는 5일선과 주가의 이격, 빨간색은 주가와 20일선의 이격, 검정색은 5일선과 20일선의 이격, 파란색은 5일선과 60일선의 이격입니다.

급등주일수록 당연히 이격이 커지는 상황이 발생합니다. A지점에서 이격이 없던 주가가 갑자기 급등하면서 종가와 5일선의 간격이 벌어지는 상황이 발생했습니다.

이평선은 이미 공부한 바와 같이 해당거래일의 평균주가임을 감안하면 투자주체들의 평균단가와도 비슷해지므로 '이격이 벌어진다'는 의미는 투자자들의 수익률이 커진다는 것을 뜻합니다. 즉 이격이 커질수록 보유자의 수익실현 욕구가 커져 매도물량이 증가할 가능성이 커집니다.

이격이 커진다는 의미는 주가의 상승폭이나 하락폭, 즉 변동성이 커진다는 것을 의미하는데, 재료가 발생했든지 수급의 변화가 생겨 주가의 흐름에 영향이 미치게 되면 이격이 발생한 후 다시 이격이 줄어드는 지점에서 그 종목의 재료나 수급의 상황을 고려해서 접근하는 것이 현명합니다.

■● **차트 1-5-2 이격이 크게 발생해 리스크가 커진 차트**

차트 1-5-2의 초록색 동그라미 부분에서는 이격이 거의 발생하지 않은 상황입니다. A지점에서 주가가 급등하면서 이격(종가와 5일선, 20일선의 간격)이 발생하는데 B지점에서 개인투자자들은 급등주를 잡아보겠다고 이격을 무시하고 매수에 무턱대고 가담하게 되는데, 결국 주가는 차익매물의 등장으로 제자리로 회귀한 모습입니다.

다음에 살펴볼 주제인 정배열과 역배열에 대한 이야기에서 자세히 언급되는데, 차트 1-5-2의 동그라미 초록색 부분은 조금 불확실성이 있긴 하지만 오히려 안정적 수익을 가져다주는 매수 포인트가 될 수도 있습니다.

주식은 낮은 가격에 사서 높은 가격에 파는 기본적 개념만 지켜
준다면 과도한 이격의 발생은 매수의 자리가 아닌 매도의 자리로
이해해야 합니다. 그러므로 꼭 매수를 하고 싶다면 주가와 5일선
의 이격이 줄어드는 5일선 매매라든가 20일선 매매로 접근하는
것이 현명한 방법입니다.

이격매매, 이렇게 하면 된다

이격매매의 예

■● 차트 1-5-3 이격의 발생과 매매의 예

차트 1-5-3에서 빨간색 화살표는 매수자리로 언급했던 지점이
고, 1차 상승으로 인해 주가와 이평선 간의 이격이 상당히 벌어져
있어 조정이 필요했습니다.

초록색 동그라미 지점은 5일선과 20일선, 그리고 주가와 20일

선의 이격이 줄어들면서(1개월간의 평단가와 주가가 비슷한 지점) 지지가 나와서 한 번 더 반등하고 있습니다.

하지만 초록색 굵은선인 갭을 메우지 못한 불안한 상황에, 만일 주가가 1만원 근처까지 다시 오게 된다면 갭을 메우는 일시적 급락이 가능한 상황이므로 이격을 좁히고 갭을 메우는 지점인 9천원 선까지 끈질기게 기다려야 하는 차트입니다(이것은 갭매매와 관계가 있는데, 뒤에서 설명합니다).

갭과 이격매매의 예

■● **차트 1-5-4 갭의 발생과 이격매매**

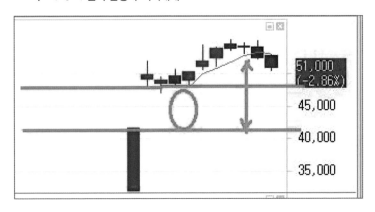

차트 1-5-4는 갭과의 이격이 너무 커서 급락이 나올 가능성도 있는 경우입니다.

회사가 워낙 좋기는 하나, 분할상장 후 첫 상한가의 상단과 지금 주가와의 이격과 갭의 공간이 너무 커서 만약 첫 번째 초록선 가격이 무너진다면 두 번째 초록선까지는 지지가 전혀 없는 공간 이므로 지금 자리에서는 약 20% 이상의 가파른 조정을 예상해야 합니다.

이격과 지지선 예측의 예

■● 차트 1-5-5 이격매매와 지지가격의 예측

지금 구간은 파란색 화살표를 보다시피 주가와 20일선과의 이 격이 상당히 커진 구간이므로 이격을 줄이는 구간인 첫 번째 초 록선인 33만원까지는 기다려야 하며, 어쩌면 두 번째 선인 31만 원선까지도 조정이 가능한 구간입니다. 직전고점을 돌파한 상황 에서 직전 고점은 지지선 역할을 하게 되므로 31만원선은 상당한 의미를 갖게 됩니다.

20일 이평선만 지지하는 것을 본 채, 전고점 돌파의 지지선을 보지 못하고 매매한다면 33만원이 무너지면서 손절을 할 수도 있는 차트의 모습입니다.

정배열과
역배열의 이해

이동평균선의 위치에 따른 정배열과 역배열을 이해하고,
역배열에서 주식을 매수하는 타이밍에 대해 공부합니다.

주식투자를 시작하면 정배열, 역배열 이야기를 참 많이 듣습니다. '정배열이 좋은가? 그럼 역배열은 나쁜가?'에 대한 이야기를 해보겠습니다. 일반적으로 정배열 종목을 매매해야 하고, 역배열 종목은 조심해야 한다고 이야기합니다.

여기에서 말하는 배열의 기준은 바로 이동평균선입니다. 이동 평균선은 주가의 흐름뿐 아니라 종목 참가자들의 평균매수단가와도 밀접한 연관이 있으므로, 이동 평균선의 배열은 주가의 지지와 저항의 중요한 지표가 되며, 정배열이냐 역배열이냐에 따라 투자자들의 심리상태나 투자 손익상태를 파악하는 데 매우 편리한 지표가 됩니다.

정배열과 역배열은 각각의 장단점을 가지고 있고 내포하는 의미도 다르므로 눈에 보이는 정량적 분석뿐 아니라 의미를 파악하는 정성적 분석 또한 필요합니다.

정배열차트

정배열은 5일, 20일, 60일, 120일선이 아래에 차례로 배열되어 있는 차트입니다.

■● **차트 1-6-1 정배열차트**

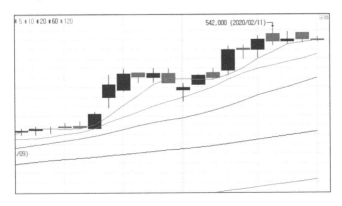

이동평균선이 아래에 있다는 것은 지지대가 많아서 주가의 하락을 방어하는 힘이 많다는 의미입니다. 투자자의 심리는 자신의 매수단가나 그 아래에서는 주가를 방어하거나 평균매수단가를 낮출 수 있는 기회로 생각해 아무래도 추가매수를 많이 하므로, 정배열

에 있는 차트는 안정된 흐름을 이어갈 가능성이 크다는 유리함이 있습니다.

또한 차트가 정배열 상태에 있다 함은, 주가가 대다수 매매주체들의 평균 매수단가 위에 있다는 뜻입니다. 그만큼 종목 보유자들에게 여유가 있어 매도가 쉽게 나오지 않으므로 매물압박이 심하지 않습니다.

하지만 주가와 이평선 간의 이격이 커지면 그만큼 수익이 커진다는 의미이므로 수익실현에 대한 욕구가 커져 매물이 출현할 가능성이 커질 수 있습니다. 따라서 정배열 매매 시에는 매수를 조급하게 하지 말고 주가와 이평선 간의 이격이 줄어드는 시기를 기다려 그때 투자해야 합니다(차트 1-6-1에서도 이격이 없는 곳들이 곳곳에 보입니다).

정배열이 진행된 차트는 주가가 이미 얼마간 상승한 후에 만들어집니다. 그러므로 정배열을 만들려는 초기의 차트를 잡아내거나, 정배열 후 안정적으로 주가가 상승흐름을 이어가는 모양의 차트를 초기에 잡아내는 것이 무엇보다 중요합니다.

역배열차트

역배열은 차트 1-6-2처럼 현재가 위로 5일, 20일, 60일, 120일선이 차례로 배열되어 있는 차트입니다.

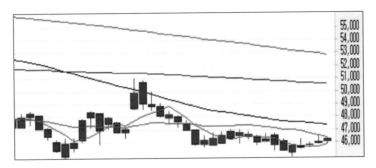

이평선이 위에 배열되어 있다는 것은 저항이 많아서 주가상승을 방해하는 힘이 많다는 의미입니다. 투자자의 심리는 손실 상황에서 본전 가격이 오면 현금을 확보하기 위해 일단 매도를 많이 하므로 역배열에 있는 종목은 저항이 많아 불안한 흐름을 이어갈 가능성이 크다는 불리함이 있습니다.

차트가 역배열이 되었다는 것은 기업의 재무상태나 영업실적의 부진이 중기 이상 진행되고 있거나, 악재로 인해 장기간 영업활동의 침체가 이어질 수 있음을 의미합니다. 그러므로 투자하기 전에 반드시 회사의 재무상태나 영업실적 등을 꼼꼼히 살펴봐야 합니다.

그러나 시세의 시작점은 언제나 역배열인 것 또한 잊지 말아야 합니다. 기업의 펀더멘탈은 상승과 하락을 반복하는데, 상승에서 하락으로 가는 지점에서 투자하면 상당히 어려워지지만 펀더멘탈이 하락에서 상승으로 턴하는 지점에서 투자하게 된다면 투자수익이 커질 수 있습니다.

　역배열 하락 차트에서는 더 이상 저점을 낮추지 않고 2단 바닥이나 3단 바닥을 만드는 종목을 찾아 펀더멘털의 전환 여부를 조사해 중장기투자한다면 상당히 좋은 투자가 될 수 있습니다. 하지만 기업의 재무상태가 부진한 가운데 다시 실적을 회복하려면 상당기간의 어려움이 있으므로 역배열 투자는 오랜 시간의 투자 기간이 필요함을 잊지 말아야 합니다.

역배열에서 정배열로의 전환

　아래의 차트 1-6-3을 살펴보면 뭔가가 느껴지나요? 뭔가 눈치를 챘나요?

■● **차트 1-6-3 역배열에서 정배열로 전환되는 차트**

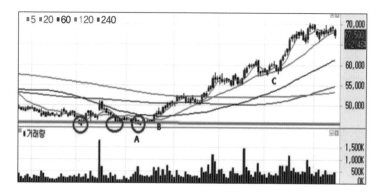

앞의 '정배열차트(차트 1-6-1)와 역배열차트(차트 1-6-2)'를 합한 원래 차트가 차트 1-6-3입니다. 빨간색 동그라미 부분에서 기업 펀더멘탈에 변화를 가져오면서 주가는 3중바닥을 완성하고 정배열로 턴하고 있습니다.

역배열투자에서 하나의 매매 팁을 건네자면, 5일선이 20일선을 돌파하는 골든크로스 때보다는 조금 높은 가격에 사더라도 5일선이 60일선을 돌파하는 지점에서 매수하는 것이 더욱 안정적입니다.

단기 이평선인 5일선이 20일선을 돌파한다는 것은 심리적으로 일시적 안정을 줄 수도 있습니다. 하지만 단기 반등이나 일시적 반등으로 그치는 경우도 많으므로 조금 더 추세를 지켜봐야 합니다.

차트 1-6-3의 A지점은 주가가 3중바닥을 찍는 지점입니다. B는 5일선이 60일선을 돌파하고 주가가 60일선에 안착하는 지점이고, B지점 바로 앞에 기준봉이 되는 장대양봉도 출현했지요. C지점은 역배열에서 정배열로 완전 전환 후 이격이 줄어들면서 매수가 가능한 지점이 됩니다.

단기 이동평균선이 장기 이동평균선을 상향 돌파하면서 주가가 차츰 상승하기 시작한다면, 대형주의 경우 실적의 변화나 업종 시장 환경의 변화 등 기업의 활동에 긍정적인 시그널이 분명 존재합니다. 그러므로 투자자 입장에서는 반드시 시장이 보내는 신호를 포착해야 합니다.

차트 1-6-4는 LG유플러스와의 시너지 효과로 수익성이 개선되는 단기모멘텀이 생기면서 역배열에서 정배열로 바뀌었던 지니뮤직의 차트입니다. 장기간 역배열 차트가 형성되어 시장의 관심 밖이었던 주가가 모멘텀의 발생으로 차츰 정배열의 모습을 갖추어가고 있습니다.

매수 자리는 5일선이 60일선을 돌파하는 빨간색 동그라미 지점이 됩니다. 기준봉은 첫 번째와 두 번째 빨간 동그라미 바로 옆에 있는 빨간색 양봉입니다. 기준봉의 발생과 단기이평선이 장기이평선을 상향 돌파하는 골든크로스가 나온, 전형적인 상승 시그널이 나온 차트입니다.

골든크로스와
데드크로스의 이해

이평선 간의 움직임에 따른 주가의 방향을 예측하는 지표인
골든크로스와 데드크로스의 의미를 알아봅니다.

크로스라 함은 일반적으로 교차, 즉 가로지르는 것을 말합니다.
주식 차트에서 크로스는 주가 이동평균선 간의 교차를 말하며, 골
든크로스와 데드크로스가 있습니다.

명칭에서도 직관적으로 눈치를 챌 수 있듯이 골든크로스는 긍정
적인 의미를 가지고 있고, 데드크로스는 부정적인 의미를 가지고
있습니다. 모든 차트 지표에는 주가흐름뿐 아니라 투자 참여자들
의 심리가 녹아 있듯이 여기에도 같은 맥락의 장단기 주가흐름 예
측 및 차트의 미래 모습을 예측해볼 수 있는 의미가 내포되어 있습
니다.

앞에서 언급한 정배열과 역배열이 진행되려면 반드시 초기에

골든크로스나 데드크로스가 발생합니다. 투자자는 골든크로스와 데드크로스를 보면서 주가의 중장기 흐름을 예측할 수가 있습니다.

골든크로스의 이해

골든크로스는 단기 이동평균선이 장기 이동평균선을 아래에서 위로 상향 돌파하는 경우를 말합니다. 앞서 말한 정배열의 경우 정배열이 갖춰지기까지는 일정 부분 시간이 소요되는데, 그 기간 중 단기 이동평균선과 장기 이동평균선 간의 골든크로스가 수 차례 발생하게 됩니다.

■● 차트 1-7-1 골든크로스 발생 후 지속 상승중인 차트(카카오)

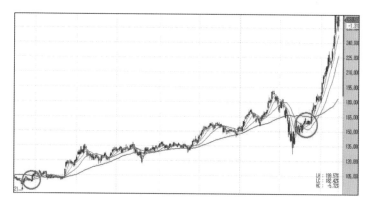

왼쪽 초록색 동그라미 친 부분에서 골든크로스가 발생한 후 데드크로스가 발생하지 않고 꾸준한 주가상승을 보여준 카카오의 차트입니다. 첫 번째 동그라미 부분을 확대해서 살펴보겠습니다.

■● 차트 1-7-2 카카오의 상승전환을 알리는 골든크로스

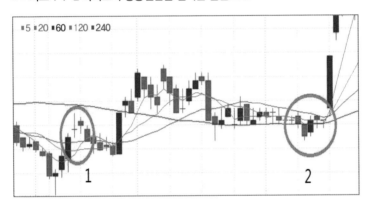

1번 지점에서 5일선이 20일선과 60일선을 돌파하는 골든크로스가 발생하면서 단기 상승 시그널을 보냈고, 그 이후 주가는 큰 변동 없는 흐름을 보이긴 했으나 데드크로스가 발생할 수 있었던 2번 지점에서 장대양봉이 나오면서 본격적인 정배열 모습을 갖추고 있습니다.

즉 이동평균선 간의 골든크로스가 나오기 전에 주가가 먼저 움직이면서 골든크로스가 만들어지는 시그널을 보내고 있는 겁니다. 그러므로 투자자는 주가의 움직임을 보면서 골든크로스 시그널을 먼저 잡아내는 능력을 키우는 것이 중요합니다.

이러한 골든크로스 시그널은 대형주일수록 신뢰도가 높아집니다. 이동평균선 정배열이 만들어지기까지는 양봉의 발생이 많아야 합니다. 그만큼 위로 매수하려는 투자자의 욕구가 강하고 신규 자금의 투입이 꾸준히 이루어지고 있음을 의미합니다.

데드크로스의 이해

데드크로스는 골든크로스의 반대되는 의미로, 단기 이동평균선이 장기 이동평균선을 위에서 아래로 하향 돌파하는 경우를 말합니다. 앞서 말한 역배열의 경우 역배열이 갖춰지기까지는 일정 부분 시간이 소요되는데, 그 기간 중 단기 이동평균선과 장기 이동평균선 간의 데드크로스가 수 차례 발생하게 됩니다.

■● **차트 1-7-3 데드크로스의 발생**

차트 1-7-3의 1번 동그라미 부분에서 단기 이동평균선이 장기 이동평균선을 하향 돌파하는 데드크로스가 발생한 후 역배열 차트가 만들어졌고, 그 이후 반등을 시도했으나 저항선인 검정라인에서 밀리면서 2번에서 다시 데드크로스가 발생한, 전형적인 약세를 보이는 현대차 차트입니다.

한번 데드크로스가 발생하면 그 지점 부근에서 상승을 가로막는 저항선이 생기므로 데드크로스가 발생한 종목은 반드시 저항선을 확인한 후에 접근해야 합니다. 전형적인 역배열 차트가 만들어진 종목은 혹시 기업의 성장에 문제가 없는지, 실적에는 어떤 변화가 생기고 있는지 반드시 체크해야 합니다.

특히 중대형주 같은 경우는 한 번 역배열이 만들어지면 수년간 주가가 하락이 나타나는 경우도 많습니다. 그러므로 각별한 주의를 기울여야 합니다.

갭의
이해

기술적 분석에서 갭이란 어떤 의미를 가지는지 알아보고,
갭 발생 시에 주의할 점과 대처법에 대해 이해합니다.

어떠한 모멘텀이 발생한 종목은 주가의 변동성에 따라 봉이나 이동평균선에 반영되어 여러 형태의 차트모양을 만들게 되는데, 시초가부터 갑작스런 주가의 변동성이 발생할 경우 갭(GAP)이 발생하는 경우가 있습니다.

갭(GAP)이란 봉과 봉 사이에 간격이 생기는 경우를 말합니다. 주식투자를 하다보면 예상치 못했던 갑작스런 호재와 악재의 발생에 따라 주식시장이 열리자마자 시초가부터 주가가 갑자기 급등하거나 급락하는 일이 발생하는 경우가 있는데, 주가의 갑작스런 급등락 시에 이것을 봉차트로 구성하면 갭(GAP)이란 것이 발생한 차트가 발견됩니다.

갭은 거래의 공백을 뜻합니다. 그 구간에서는 주가의 급등락이 발생할 가능성이 있어, 갭 분석법을 익혀두는 것이 좋습니다.

■● **차트 1-8-1 갭 없는 움직임, 상승갭 발생, 하락갭 발생**

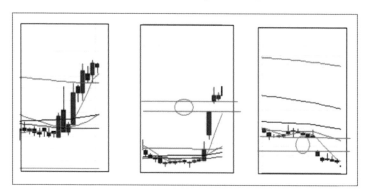

차트 1-8-1을 보면 첫 번째는 봉의 상단과 하단에 간격이 없이 주가가 움직이는 경우이고, 두 번째는 봉의 상단과 다음날 봉의 하단에 공간이 생긴 모습(상승갭 발생)이고, 세 번째는 봉의 하단과 다음날 봉의 상단에 공간이 생긴 모습(하락갭 발생)입니다.

갭의 이해

갭은 호재나 악재가 발생할 때 다음날 시가가 전일 종가보다 크게 올라서 시작하거나 크게 떨어지면서 발생하며, 호재나 악재의 크기가 클수록 갭의 공간도 커지게 됩니다. 갭이 생긴 공간은 매수매도가 없었던 지점, 즉 거래량이 없는 지점이 되므로 향후 지지와 저항의 기준이 되는 중요한 자리가 됩니다.

주가는 언제나 거래를 동반하면서 움직입니다. 그러므로 거래가 없었다고 함은 지지와 저항이 없다고 생각하면 되기 때문에, 주가는 갭 지점에서는 지지와 저항 없이 변동성이 크게 확대될 가능성이 크므로 반드시 체크하면서 매매해야 합니다.

상승갭과 이후 주가흐름의 이해

차트 1-8-2는 상승갭이 발생한 이후 주가의 흐름과 지지와 저항, 그리고 갭의 이해를 돕기 위한 차트입니다.

■● 차트 1-8-2 상승갭과 이후 차트 흐름

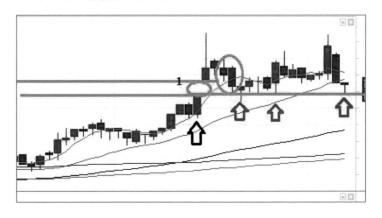

검정화살표 기준봉의 발생

이 기준봉의 상단은 앞에서 말한 바와 같이 지지선의 역할을 합니다. 빨간색 화살표들은 기준봉의 상단지점부근이 매수 포인트가 됨을 나타내고 있습니다.

검정화살표 양봉 다음날 갭 발생(1번)

거래가 없는 공간의 발생, 즉 이 구간은 향후 중요한 매매지표가 됩니다. 1번의 갭공간은 거래가 없었으므로 그 공간에선 주가조정 시에는 지지선이 없는 공간으로서, 순간 급락이 가능한 자리로 이해하면 됩니다.

파란색 동그라미(눈여겨봐야 할 자리임)

갭 발생 후 매물이 나오면서 음봉이 발생하고 있는데, 갭 부근까지 내려오는 가운데 장대음봉이 나타났습니다(장대음봉이 나타나는 이유는 갭공간에 지지선이 없어서 급락이 나타나는 것입니다). 그러나 그 다음날 바로 상승기준봉의 상단내지 1/3 지점에서 바로 지지가 나타나고 있습니다. 갭을 메우는 하락파동이 나타났으나 주가는 기준이 되는 양봉의 지지를 받으며 재상승을 모색하는 차트입니다.

상승갭 지지 실패 예와 성공 예

상승갭 지지 실패 예

■● 차트 1-8-3 상승갭 지지에 실패한 차트

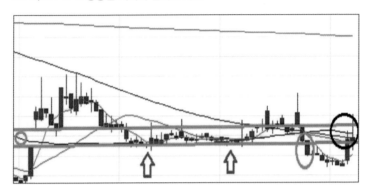

차트 1-8-3은 상승갭 발생 후(초록색 동그라미) 기준봉의 상단을 지지하는 보습을 보이다가 파란색 동그라미봉에서 지지를 실패한 모습입니다.

이후 검정색 동그라미를 보면 주가가 상승 전환을 꾀하는 모습인데 갭 공간에서 잠시 급등이 나왔으나 갭의 상단부근 저항에 막혔고 윗꼬리가 발생하면서 음봉으로 마감하고 있습니다.

보는 바와 같이 상승갭 지지 실패를 하면 갭의 상단이 향후 저항으로 작용합니다(차트 1-8-3의 검정색 동그라미).

상승갭 지지 성공 예

■● 차트 1-8-4 상승갭 지지에 성공한 차트

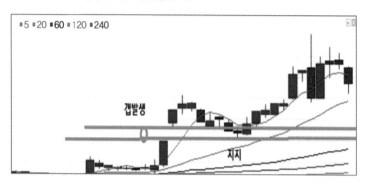

장대 양봉 발생 후 다음날 갭이 발생(초록색 동그라미)해 상승하다가 조정에 들어가는데, 갭 상승했던 전날 장대 양봉의 상단에서 지지를 받으며 재상승하는 차트입니다.

여기서도 갭 부근까지 주가가 내려오면 갭을 메우고 지지를 받으며 상승한다는 것을 눈여겨봐야 합니다. 이런 매매만으로도 종목 매수 시에 몇 퍼센트라도 싸게 매수할 수 있어 개인투자자는 심리적으로 매우 유리한 위치를 점하게 됩니다. 하지만 이걸 모르면 갭 공간에서 급락 시 공포에 질려 손절을 하게 되는 경우가 많습니다.

하락갭과 이후 주가흐름 이해

하락갭이 발생한 이후 주가의 흐름과 지지와 저항, 그리고 갭의 이해를 돕기 위한 차트입니다.

■● **차트 1-8-5 하락갭 발생과 이후 차트 흐름**

하락갭은 상승갭과 반대로 생각하면 됩니다.

차트 1-8-5의 초록색 동그라미 부분은 전일 종가보다 익일 시가가 크게 하락하면서 시작한 하락갭의 발생입니다. 이 부분은 매수나 매도가 없는, 즉 매매가 없었던 공간으로 지지와 저항이 작용하지 않는 공간입니다. 이 공간에서는 주가의 변동성이 커지는데 유의해야 합니다. 하락갭 발생 후 주가가 상승을 모색할 때, 이 공간은 주가의 단기 급등이 나타날 수 있는 지점이 됩니다.

갭하락 발생 후 주가는 큰 변동 없이 옆으로 흐르다가 1번 지점에서는 주가가 반등하는 모습을 보이는 가운데 갭의 공간에서 매물이 없어 순간 급등을 보였으나 갭의 상단 부분이 저항으로 작용해 긴 윗꼬리를 만든 차트입니다. 갭의 공간 부분은 저항이 없으므로 급등이 나타났으나 결국 윗꼬리가 발생한 상황입니다.

이후로도 파란색 화살표들을 보면 갭 공간이 계속해 저항으로 작용하는 모습이 보입니다(갭을 이용한 매매는 하락갭 발생 시 단기목표가를 설정하는 데 매우 유용하게 사용됩니다).

■● 차트 1-8-6 하락갭 발생과 저항 가격대

차트 1-8-6을 보면 1번 하락갭이 발생합니다.

전일 종가 6,000원선에서 다음날 시가가 5,600원 정도에 형성되는 급락이 나옵니다. 이 경우 주가가 반등하게 되면 어디까지 반등할 수 있을지 고민하게 되는데, 단기 반등의 목표가는 갭하락을 하기 전날의 빨간색 양봉의 종가 부근이 됩니다.

이렇게 갭 하락한 종목의 반등을 노린 매매는 목표가를 설정하는 데 어렵지 않으며, 보유자 입장에서는 갭 하락해 반등이 나올 시에 손절가를 얼마로 잡아야 할지 계산이 확실해집니다. 장기투자자가 아니라면 단기 반등 시 손실을 최소화하는 것이 중요하기 때문입니다.

이상으로 갭 발생에 따른 매매법에 대해 설명했는데, 다음 장에 나올 지지와 저항, 거래량을 잘 이해하면 보다 이해가 쉬울 것입니다. 갭분석은 지지와 저항, 거래량을 기본으로 한 단계 더 높은 분석법이기 때문에 갭을 확실하게 이해하면 다른 유형의 차트도 적절히 대응할 수 있는 기본기를 갖추게 됩니다.

지지와
저항의 이해

주가는 여러 사유로 인해 상승과 하락을 반복하는데,
주가 하락을 방어하거나 상승을 가로막는 힘을 공부합니다.

주가는 끝없이 상승하거나 하락하지 않습니다. 즉 어느 지점에서는 상승과 하락이 멈추는 현상이 나타나게 됩니다. 이 상승과 하락의 마디만 잘 파악하면 수익을 극대화하고 손실을 최소화하는 최상의 매매지점을 포착할 수 있게 됩니다.

저항은 주가의 상승흐름을 방해하는 힘이고, 지지는 주가의 하락흐름을 저지하는 힘입니다. 즉 저항은 매도의 발생이고, 지지는 매수의 발생입니다.

저항과 지지의 심리적 상황을 잘 이해해야 합니다. 저항은 그 종목에서 손실을 보던 투자자가 평단가가 되면 일단 매도해 본전을 찾는 심리적 상황과 밀접한 관계가 있습니다. 반면에 지지는 투자자가 본전가격이 오면 추가매수로 주가를 방어하거나, 단가를 낮추기 위한 매수를 진행한다는 심리적 상황과 관계가 있습니다.

지지와 저항은 이후에 나올 추세선과 추세대, 박스, 삼각수렴 등의 모든 기술적 분석의 기본이 되므로 확실히 이해하기 바랍니다. 쉽게 이야기해서, 선 하나를 잘 그으면 차트를 기본으로 하는 매매가 매우 쉬워질 수 있습니다.

지지선과 저항선

이해를 돕기 위해 꾸준한 상승흐름을 보이고 있는 '다나와' 차트를 가져왔습니다. 아래의 차트 1-9-1에서 보이는 초록선은 지지선일까요, 저항선일까요?

■● **차트 1-9-1 다나와의 지지와 저항 ①**

다시 아래의 차트 1-9-2를 보겠습니다(앞의 차트 1-9-1을 확대했습니다).

차트에 빨간색 화살표와 파란색 화살표를 표시해두었습니다. 빨간색 화살표는 주가의 하락흐름을 막는 지지선이고, 파란색 화살표는 주가의 상승흐름을 막는 저항선입니다.

따라서 초록색선은 지지선도 되고, 저항선도 된다는 것이 정답입니다. 지지선과 저항선은 각각 따로 있는 것이 아니라, 지지선이 되었다가 주가가 지지선을 하향 돌파해 주가가 하락하면 상승시도 때 그 지지선은 저항선이 되는 겁니다. 하락중이던 주가가 저항선을 상향 돌파하면 그 저항선은 이번에는 지지선의 역할을 하게 됩니다.

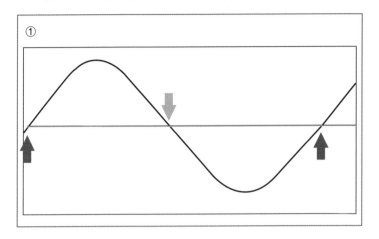

위와 같이 주가가 어느 가격대에서 위아래로 움직인다고 가정할 때, 주가가 빨간 화살표와 같이 어느 일정한 가격대를 상향 돌파하면 그 지점이 지지선이 됩니다. 위 그림 1-9-3을 잘 이해했다면 파란색 화살표 지점에서 다시 가격이 무너졌는데, 위 종목은 초록색선 가격이 저항과 지지역할을 제대로 하지 못하고 있는 것이 됩니다.

위 그림의 초록색선이 지지와 저항의 역할을 제대로 수행하고 있다면 주가는 상승이든 하락이든 드디어 한 방향으로 움직이게 되면서 또 다른 지지와 저항선을 형성하게 되고, 그렇게 차트는 만들어집니다.

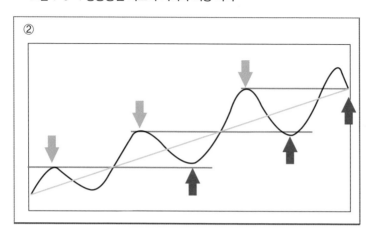

②번과 같이 주가가 움직이고 있다고 가정해보면 주가가 일정 가격을 상향 돌파하면, 다시 그 가격이 지지선이 되는 것을 확인할 수 있습니다.

따라서 그림 1-9-3의 ①번과 같이 주가가 움직이고 있다면 '주가가 박스권에 갇혀 있다'는 표현을 쓰며, 그림 1-9-4의 ②번과 같이 주가가 움직이고 있다면 지지를 받으면서 꾸준히 상승하고 있는 우상향 차트가 됩니다.

반대로 그림 1-9-5에서 보듯 주가가 지지선에서 지지를 못하고 하향돌파하며 저항을 받으면서 계속 하락하고 있다면 우하향 차트가 됩니다.

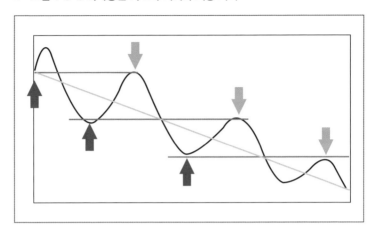

이상의 내용을 통해 특정구간에서의 지지와 저항이 너무 강력하면 특정 가격대의 박스가 만들어진다는 것을 알 수 있습니다. 또한 지지와 저항이 수시로 무너져야 상승과 하락의 상승 추세와 하락 추세가 형성된다는 것을 알 수 있습니다.

지지와 저항이 중요한 이유는 우리나라 주식시장이 박스권을 제대로 벗어나지 못하는 상황이기 때문에 지수를 바탕으로 종목들도 큰 박스 안에서 상승 추세와 하락 추세를 그리는 경우가 많아서입니다. 그러므로 시황을 바탕으로 수익을 극대화하는 '상승 하락 마디 매매 노하우'는 개인투자자가 필수적으로 보유해야 할 스킬입니다.

한 종목의 연속된 차트로 지지와 저항 이해하기

이제 여러분은 아래 한 종목의 연속된 차트를 보면서 지지와 저항의 개념을 확실히 이해해야 합니다.

기본 차트

■● 차트 1-9-6 지지와 저항 분석(기본 차트)

저점과 고점 표시

■● 차트 1-9-7 지지와 저항 분석(고점과 저점 표시)

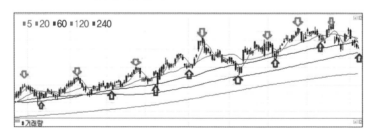

지지선과 저항선 표시

■● 차트 1-9-8 지지와 저항 분석(지지선과 저항선 표시)

지지와 저항, 그리고 고점과 저점차트의 합체

■● 차트 1-9-9 지지와 저항 분석(복합적용 차트)

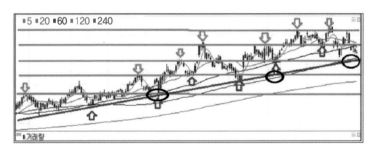

첫 번째 기본차트(차트 1-9-6)를 보고 네 번째 복합차트(차트
1-9-9)를 비교해보면 저항과 지지를 나타내는 초록색선은 일정간
격(가격폭)을 유지함을 볼 수 있고, 그 선을 중심으로 저항과 지지
가 나타남을 볼 수 있습니다.

저항을 돌파하면 그 지점이 지지선으로 바뀌고, 지지선을 하향하면 그 지점이 저항으로 작용합니다(투자자는 매수가격이 오면 매도와 매수를 반복한다는 심리적 작용을 반영합니다).

상승 추세를 나타내는 빨간색선과 지지선이 만나는 검정색 동그라미 지점은 다른 지점보다 더 강력한 매수 포인트가 됩니다.

지지와 저항의 정확도는 시가총액이 클수록, 거래량이 많을수록 높아집니다. 하지만 개별주와 테마주에서는 확률이 떨어집니다. 여기서 확률이 떨어진다는 의미는 각 종목에 붙어 있는 세력의 주가조작에 지지와 저항이 교묘히 이용될 수 있다는 것을 의미합니다. 따라서 차트분석에 대한 이해도가 높은 투자자는 시가총액이 큰 대형주를 거래하는 것이 소형주나 개별주를 거래하는 것보다 투자성공 확률이 당연히 높아질 수밖에 없습니다.

다른 예를 살펴보겠습니다.

■● 차트 1-9-10 저항의 돌파와 이후 매수자리

차트 1-9-10을 보면 파란색 저항에서 두 번을 부딪쳐 밀린 다음 세 번째 시도 만에 돌파를 했는데 그 저항 지점이 빨간색 지지 역할을 하고 있습니다(원칙적으로는 저항 부근에서는 비중을 50% 줄이는 것이 매매확률을 높이는 방법입니다).

저항 돌파 후 주가가 이격을 벌리고 상승하는 기간보다는, 조금 시간을 두고 기다렸다가 빨간색 화살표인 지지점을 찾아 매수하는 것이 안전한 투자를 위한 전략으로 적합합니다.

"주식투자는 기다림의 미학"이라는 말이 있는데, 우량주를 매수해 오랜 기간 기다렸다가 가치를 인정받아 주가가 상승하는 경우에도 적용되지만, 차트를 분석해 끈질기게 기다렸다가 적절한 지점에서 매수하거나 매도하는 행위도 기다림의 미학을 느낄 수 있는 상황이 되는 것입니다.

■● 차트 1-9-11 지지와 저항을 표시한 LG전자 10년 차트

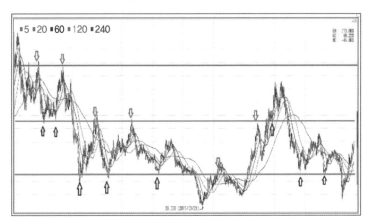

어렵게 돌파한 저항은 더 강력한 지지선으로 변모한다는 점을 명심해야 합니다. LG전자 10년 차트를 살펴보겠습니다.

LG전자 10년 차트를 보면, 저항과 지지라인이 명확하게 구분됩니다. 저항이었던 금액대가 지지선이 되고, 지지였던 금액대가 저항이 되고 있는 모습입니다.

또한 여기서 알아두어야 할 것은 위의 차트에서 초록색선의 간격이 거의 일정하다는 것입니다. 이것은 저항과 지지가 일정한 가격 차이를 두고 나타나고 있다는 의미입니다.

맨 아래 초록색라인 가격이 50,000원선이고, 중간 초록색라인 가격이 90,000원 정도이며, 맨 위 초록색라인 가격은 130,000원선입니다. LG전자는 이렇게 4만원 간격으로 저항과 지지가 형성되어 있음을 의미합니다.

눌림목이라는 개념도 단순히 주가가 상승하다가 조정을 받는 자리가 아니라, 상승하던 주가가 저항선에서 밀리다가 지지선에서 지지를 받는 자리를 말합니다. 지지선에서 지지를 받으려면 단순히 이동평균선이 아닌 실적이든 재료든 모멘텀의 존재가 뒷받침되어야 눌림목의 역할을 할 수 하는 것이지, 단타세력의 단순 수익률게임에 상승 후 조정이라는 단순개념으로 접근하면 맨날 세력의 장난질에 당하고 맙니다.

거래량은 왜, 언제 중요한가요?

주가의 그림자라고 불리는 거래량이 왜 중요한지와
거래량의 변화를 투자에 활용하는 방법을 알아봅니다.

흔히들 "주가는 속여도 거래량은 못 속인다"는 말을 많이 합니다. 그것은 "거래량을 보면 세력의 움직임이 보인다"는 말과 상통하는데, 그것은 어떤 의미를 품고 있는 것일까요? 그리고 거래량은 무조건 중요한 것일까요? 거래량은 언제 가장 활용도가 높을까요?

투자할 종목을 고를 때, 장기투자 종목은 추세의 전환과 지지선의 확보가 가장 중요하다면, 단기매매(흔히 스윙과 단타)할 때는 거래량과 마디, 봉 모양을 참고해 종목을 선정합니다. 거래량의 증가 혹은 감소는 세력의 자금투입과 자금회수라는 의미를 내포하고 있으므로 물량 매집 징후를 잘 파악한다면 성공적 투자를 할 수 있습니다.

차트 해석 능력이 수익률을 결정한다

차트의 해석은 개인마다 많은 차이를 보이는데, 얼마나 바르게 차트를 해석하느냐에 따라 수익률은 어마어마한 차이를 보이게 됩니다.

차트 1-10-1의 첫 번째 동그라미 부분에서 추세의 전환(장기 이동평균선 돌파)을 가져오면서 물량 매집이 이뤄졌고, 두 번째 동그라미 부분에서 물량의 대량 매집이 이뤄졌습니다. 이렇게 두 번의 물량 매집이 있은 후 거래량이 감소했습니다. 가장 중요한 부

■● 차트 1-10-1 거래량 발생과 매집 후 재상승 차트

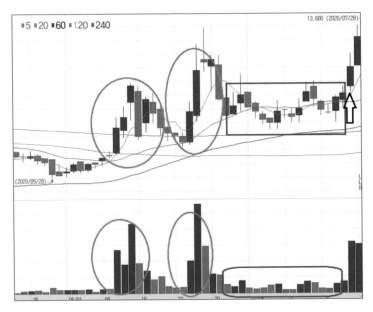

분은 빨간색 박스 부분입니다.

빨간색 박스 부분은 두 번의 물량 매집 후, 세력은 자신의 매집 단가를 훼손시키지 않으면서 나머지 개인투자자의 물량을 흡수하고 있습니다. 그리고 본격적으로 자신의 매집단가 위로 올린 것이 검정색 화살표 부분입니다. 주가를 크게 급등시키지 않으면서 최종적으로 개인투자자의 물량을 거둬들이고 있습니다.

차트 1-10-2와 같은 차트는 저가주보다는 고가주에서 많이 나오는 모습입니다. 현재 네오셈이라는 저가주에서 매집하며, 거래량을 발생시키지 않으면서 꾸준히 올리는 전형적인 작전주의 모습입니다.

■● 차트 1-10-2 대량거래 발생 없이 꾸준히 오르는 차트(네오셈)

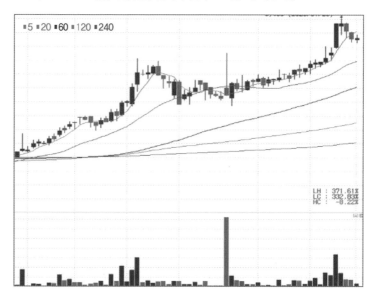

5일선을 따라 작은 봉을 연속적으로 발생시키며 시장의 주목을 끌지 않으면서 작전을 진행하는 모습입니다. 이런 종목은 5일선을 따라 십자봉이 나올 때 진입해서 장대양봉이 나올 때 수익을 실현하는 방법이 좋습니다.

아래의 차트 1-10-3은 짧은 봉과 윗꼬리봉을 계속 만들면서 물량을 매집하는 모습입니다. 이런 경우는 세력이 물량을 모으는 걸 알면서도 개인투자자는 좀처럼 접근하기 어려운 종목입니다. 왜냐하면 물량을 모으면서 상하로 흔드는 폭이 작거나 양봉 후 제자리에 갖다놓는 경우가 많아 주가의 움직임이 너무 지루하기 때문입니다.

그러나 여기서 중요하게 봐야 할 것은 거래량을 만들면서 만든 여러 개의 초록색 동그라미 윗꼬리봉입니다. 흔히 단기매매를 하

■● **차트 1-10-3 윗꼬리를 만들며 주식을 매집중인 차트**

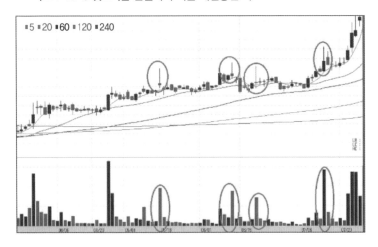

는 투자자들은 거래량이 늘면서 양봉이 나오는 종목을 포착해 단타매매를 많이 하게 되는데, 이런 차트에서는 단타매매를 하다가는 계좌가 순식간에 엉망이 됩니다.

차트 1-10-3에서 말하는 바는, 세력이 주가를 상승시키기 전 매집활동을 함에 있어 일정기간 시간이 필요하므로 거래량이 늘면서 양봉이 나온다고 해서 곧바로 단기매매로 진입하는 것은 리스크가 너무 크다는 것입니다.

매집활동의 포착은 네 번째 초록색 동그라미 양봉이 나오는 시점에서 차트를 되돌려보며 얼마동안, 어떤 형태로, 몇 번의 대량매집이 이루어졌는지 분석해 가능한 최종 매집봉이 터질 때, 혹은 매집봉이 터지기 직전에 진입하는 전략을 세워야 합니다.

다음의 두 차트는 실전에서 많이 나오는 유형이므로 반드시 익혀둡시다.

■● 차트 1-10-4 역배열에서 추세 전환시키며 거래량이 느는 차트 ①

두 차트 모두 역배열 추세에서 단기 이동평균선과 장기 이동평 균선을 서서히 돌파하는 모습입니다.

240일선에 막혀서 횡보를 하고 있지만 장기 이동평균선과 단 기 이동평균선이 점차로 밀접하면서 매우 짧은 봉이 출현하고, 검 정화살표 지점에서 시초가로 장기이동평균선을 돌파하며 추세를 완전히 돌려놓은 차트입니다. 이때에도 검정화살표 지점에서는 전에 볼 수 없었던 엄청난 거래량이 터지면서 여지없이 물량매집 의 흔적을 남기게 됩니다.

이런 유형은 저가주나 소형주가 아닌 중대형주라면 추세의 전 환 후에 시세를 충분히 낼 가능성이 있습니다. 그러므로 이런 종 목의 경우에는 단기매매보다는 홀딩하면서 수익을 충분히 취하는 것이 좋습니다.

역배열 추세에서 급등으로 전환되는 아래와 같은 유형도 있습 니다. 다음 두 차트의 모양을 기억해두면 좋습니다.

■● 차트 1-10-6 역배열에서 거래량 터지며 기준봉이 발생한 차트 ①

■● 차트 1-10-7 역배열에서 거래량 터지며 기준봉이 발생한 차트 ②

추세는 아직 역배열이지만 거래량이 터지는 기준봉 하나를 세우며 추세를 단번에 전환시키고 있습니다(이때도 거래량 발생은 필수입니다). 차트는 정배열이 이뻐 보이지만, 모든 상승의 출발점은 '역배열'부터입니다.

차트가 정배열을 유지하면서 기업의 실적이 꾸준히 유지 또는 상승하는 회사가 있다면 정배열추세에서 눌림목을 노려 매수하면 됩니다. 역배열이지만 업종 시황에 변동이 생기거나 실적이 턴어라운드를 기록할 것으로 예상되는 회사는 역배열에서 차츰 정배열로 추세 전환을 이루는 지점을 노려 초기에 진입한다면 더 큰 투자 성과가 있을 것입니다.

일반적으로 주가가 상승하기 위해서는 세력이 물량을 모으는 시간이 필요하고, 적은 거래량으로는 물량을 모으는 데 시간이 너무 오래 걸리기 때문에, 세력이 주가를 본격적으로 올리기 전 물량을 대량으로 매집하는 과정에서 대량 거래를 발생시킵니다. 그러므로 여러 형태의 물량 매집 사례를 눈에 익혀두면 매매에 큰 도움이 될 것입니다.

앞서 이야기 했듯이, 세력이 주가를 올리는 작업에서 거래량을 늘리며 기준봉을 만들면서 주가를 평균 매수가 위로 올려놓고, 조정 시에는 거래량을 줄이면서 평균 매수 단가를 훼손하지 않는 범위에서 아래 위로 흔들면서 물량을 흡수하는 행위를 하게 됩니다. 눌림목이란 조정의 개념은 당연히 상승을 전제로 한 것이므로 낮은 가격대에서 성립이 되는 것이지 너무 고점에서 나오는 조정은 눌림목이라는 개념을 대입시키기에는 무리가 있다는 것도 알아야 합니다(이때는 주봉을 보면서 고점에서의 조정(음봉)은 주의할 필요가 있습니다).

박스의
이해

한국 주식시장은 박스피라 불리며, 종목도 박스가 많습니다.
종목의 박스 상하단에서 어떻게 대응해야 하는지 공부합니다.

박스는 주가의 고점과 저점이 상당 기간 동안 일정한 가격대를
벗어나지 못하면서 위아래로 등락을 지속적으로 거듭하는 지점의
고점과 고점, 저점과 저점을 이어 만든 박스 모양의 추세대입니다.

이미 학습한 상승 추세대, 하락 추세대가 주가의 상승과 하락을
기준으로 했다면, 박스는 추세대가 상승·하락이 아닌 일정기간 동
안 주가가 일정 가격대에서 움직이고 있음을 의미합니다.

박스의 발생은 주가가 어느 특정 가격대에 갇혀 있다고 할 수도
있습니다. 하지만 차트의 모양에 따라서는 상승을 위한 힘을 비축
하고 있는 경우가 많으므로, 현재 주가나 주가의 위치에 따라 해
석이 달라집니다.

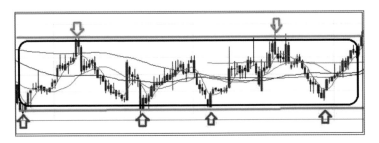

박스는 위에서 보는 바와 같이 상당기간을 두고 일정고가(저항)와 저가(지지)를 반복하면서 주가가 계속적으로 그 틀을 벗어나지 못하는데, 박스의 기간이 길어질수록 이미 배운 바와 같이 상단 매물이 계속 늘어남을 의미하므로 더욱 그 박스를 벗어나지 못할 확률이 커지게 됩니다. 이 박스를 벗어나려면 주가에 확실한 모멘텀이 주어져야 합니다.

두산밥캣의 경우에는 트럼프의 미국 대통령 당선과 함께 내수 활성화로 인한 중소형건설기계의 수요가 폭발적으로 증가할 것이라는 긍정적 의견이 박스를 돌파시켰으며, 특히 일봉상의 네 번째 화살표를 보면 박스의 하단까지 오지 않고 저점을 높이는 모습을 보이면서 박스 돌파에 대한 기대감을 미리 갖게 해주는 시그널을 보였습니다.

파워로직스는 주봉으로 약 3년간의 엄청난 박스를 유지했습니다. 그 오랫동안의 박스를 돌파한 동력은 스마트폰 카메라의 발전과 4차 산업에서 카메라의 역할이 중요해지면서 수익이 폭발적으로 증가할 것이라는 지배적 분석이었습니다. 결국 박스상단의 엄청난 매물을 돌파했습니다.

박스하단에서는 거래량이 줄어야 지지가 가능합니다. 그리고 박스상단에서는 거래량이 폭발적으로 늘면서 상단을 돌파하는 흐름이 나와야 박스 돌파가 가능합니다.

■● **차트 1-11-3 바닥 차트의 분석(CJ대한통운)**

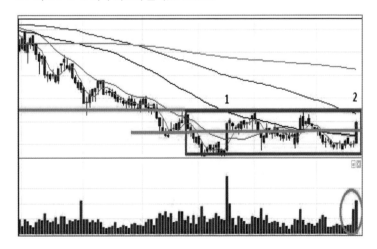

차트 1-11-3은 초록색선의 저항을 기준으로 빨간색의 박스를 만든 차트입니다. 1번 바닥에서 나온 추세돌림 양봉을 만든 후 박스를 만들고 있습니다.

앞서 언급했듯이 바닥에서 매수를 할 때 5일선이 20일선을 돌파할 때보다는 5일선이 60일선을 돌파하는 순간인 2번 지점이 거래량도 다시 늘어나고 있으며 박스 돌파를 기대해볼 수 있는 매수 포인트가 되는 겁니다.

■● 차트 1-11-4 바닥권 박스를 돌파한 차트(CJ대한통운)

차트 1-11-4는 이후의 차트 모습입니다. 박스 고점 저항을 돌파한 주가는 위에서 보는 바와 같이 빨간색 화살표에서 박스의 상단이 지지선 역할을 하고 있습니다.

차트 1-11-5는 급등 후 힘을 모은 박스 형태입니다.

코로나19가 발생해 급등한 후 1번 지점에서 갭이 발생합니다. 이미 배운 바와 같이 갭을 메우러 내려온 주가는 갭의 바닥에서 지지한 파란색 박스를 만들었고, 갭을 일정기간 메운 후 주가는 다시 초록색 박스 안으로 진입해서 힘을 축적하는 기간이 있었습니다.

빨간색 화살표 지점에서 박스에 갇혀 있던 주가가 박스를 돌파하면서 재상승을 하는 모습을 보여준 씨젠입니다.

이동평균선이 밀집한 차트는 왜 중요한가요?

이동평균선이 모이면 어떤 의미를 가지는지 알아보고,
이평선 밀집이 주는 시그널에 따른 대응 방향을 이해합니다.

우리가 이동평균선을 참고하는 이유는 이미 말했듯이 주가의 방향을 이해하기 위해서입니다. 이평선을 가지고 매매하려고 하는 것이 아니라 힘의 방향과 세력 및 종목 참여자들의 평단을 예측하려는 목적입니다.

이게 무슨 말이냐 하면, 세력은 주가를 올리려는 계획이 있으면 미리 주식을 몰래 사모아야 하는데 그러면 몇 개월 전부터 작업이 들어가겠지요. 만일 2개월 전부터 작업이 들어갔다면 40일선, 1개월 전부터 모아들어갔다면 20일선, 3개월 전부터 매집에 들어갔다면 60일선 근처가 세력 평균 매수단가 근처가 되는 겁니다. 3개월 전부터 세력이 이 주식을 모았다면 3개월 동안 차트는 위

아래로 마구 움직였겠지만 세력은 60일선 근방이 세력 평균 매수 단가가 되는 겁니다.

■● **차트 1-12-1 이동평균선이 밀집한 차트**

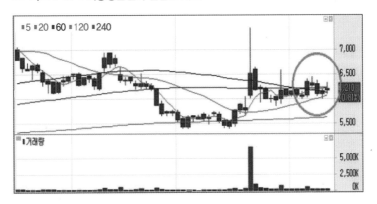

차트 1-12-1처럼 5일, 20일, 60일, 120일선이 다 모여 있다는 건 세력이 그 동안 모았던 물량의 평균 매수단가(평단)와 더욱 가까워지게 되고, 또한 기타 많은 투자자들의 평단과도 비슷해지므로, 세력이 위로든 아래로든 움직일 개연성이 커지는 지점이 되었음을 암시하는 겁니다.

만일 주가가 위로 움직이게 된다면 이 종목에 투자한 투자자는 심리적으로 안정을 찾게 되어 매도가 나오지 않고 꾸준히 보유를 하게 됩니다. 그러므로 주가는 앞으로 상승의 강도가 강해질 가능성이 있습니다.

만일 이 지점에서 주가가 아래로 움직이면서 음봉이 발생한다면 많은 투자자들의 평단 아래로 주가가 내려가면서 투자자들의 불안 심리를 자극해 매도를 불러오게 되며, 그 매도는 이미 배운 차트상 음봉으로 인한 저항으로 작용하게 되어 향후 주가의 움직임이 어려워질 수도 있습니다.

주가는 절대로 개인이 움직이지 못합니다. 외국인 하나를 기관 여럿이 당하지 못하듯이, 세력도 개인이 아무리 여럿 붙어봐야 이기지 못합니다.

■● 차트 1-12-2 이동평균선 밀집 후 각각 다르게 움직이는 차트

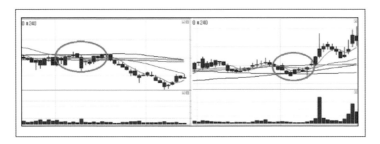

차트 1-12-2에서 앞 차트는 이평선이 밀집했으나 세력의 개입이 없어 그냥 아래로 흘러버린 것으로 판단되는 차트이고, 두 번째 차트는 세력의 매집 후 거래를 늘리면서 상승으로 방향을 잡은 차트의 모습입니다.

이동평균선의 밀집은 세력과 이 종목에 투자하고 있는 일반 투자자와의 평단이 비슷하다는 의미이기도 합니다. 즉 작은 내부적·외부적 영향에도 급등락할 수 있는 자리입니다. 따라서 이동평균

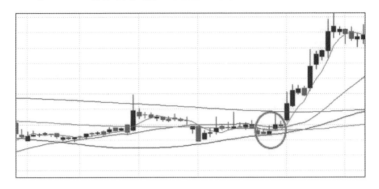

선의 밀집이 이루어지는 부근에서는 단기 급등락이 나올 수도 있
다는 것을 명심하면서, 종목의 재료나 뉴스 그리고 매도와 매수세
에 보다 면밀한 관찰이 필요합니다.

마디의
이해

주가는 움직이면서 지지와 저항을 계속 만드는데,
마디를 기준으로 기술적 분석을 판단하는 법을 배웁니다.

　일반적으로는 이동평균선을 가지고 기술적 분석을 이야기하지
만 저의 경우에는 지지와 저항, 그리고 거래량과 갭을 바탕으로
한 '마디'를 기준으로 기술적 분석을 판단해 매매 타이밍을 잡는
경우가 많습니다. 물론 이동평균선을 참고해야 하는 경우도 있습
니다.

　이평선 매매기법은 사람들에게 익히 너무 많이 알려진 기술적
분석의 지표이기도 하지만, 세력이 마음대로 조정가능한 지표이
기도 하기 때문에 이평선을 맹신한 매매법은 매우 리스크가 크기
도 합니다.

　따라서 종목 참여자의 정량적 지표인 거래량과 주가, 그리고 그

에 따라 형성된 지지와 저항을 복합적으로 분석한 '마디차트'가
매매 타이밍을 잡기에 보다 유용하게 활용될 수 있으므로 이동평
균선 분석과 비교하면서 익혀두도록 합니다.

마디의 이해는 필수다

아래 차트 1-13-1을 복합적으로 이해하는 시간을 가져보겠습
니다. 일반적인 차트입니다.

■● **차트 1-13-1 마디의 이해(기본 차트)**

다음 페이지의 차트 1-13-2는 차트 매매의 눌림목이라 부르는
매수 자리를 표시했습니다. 이 자리들은 이동평균선을 중심으로
작성했습니다. 보통 20일선이나 60일선에서 매수를 많이 하므로
그 자리를 표시해봤습니다.

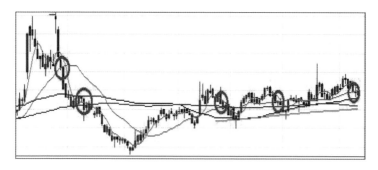

아래의 차트 1-13-3은 이동평균선을 지우고 거래량만 표시한 차트입니다. 좀 생소하지요? 이해를 돕기 위해 이동평균선을 지 웠습니다.

■● 차트 1-13-3 마디의 이해(이평선을 지운 차트)

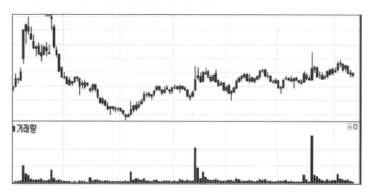

차트 1-13-3과 같이 이동평균선을 지우면 이동평균선의 고정 관념에서 벗어나 주가의 큰 흐름이 좀더 객관적으로 보입니다. 때로는 주가의 흐름을 간략하게, 즉 너무 복잡하게 생각하지 않는 간결함도 필요합니다.

다음은 이 차트에 마디를 표시해보겠습니다. 아래의 차트 1-13-4는 지지와 저항, 거래량으로 마디를 표시한 차트입니다. 파란색 동그라미 기준봉이 보이고, 거래량을 기준으로 한 초록색 마디선이 보입니다.

■● 차트 1-13-4 마디의 이해(저항과 지지, 거래량 기준의 마디 표시)

그러면 이제는 일반 차트와 마디차트를 같이 보겠습니다. 차트 1-13-5의 위는 마디차트의 저항과 지지이고, 아래는 이평선차트의 저항과 지지를 표시했습니다.

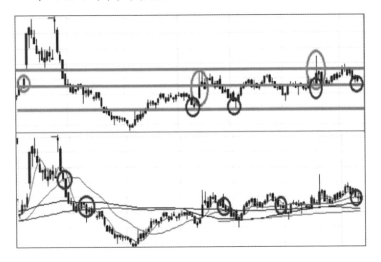

마디차트도 이평선을 따라 비슷하게 저항과 지지가 있지만 마디차트가 저점과 고점을 잡는 데는 상당히 더 정확도가 높음을 볼수 있습니다. 위 마디차트의 초록색선에서 지지와 저항이 더욱 뚜렷하게 보임을 알 수 있습니다(지지는 빨간색 동그라미, 저항은 파란색 동그라미).

이미 앞에 언급했던 봉, 거래량, 갭 등을 이해했다면 위의 마디차트의 초록색선도 이해가 되리라 판단합니다. 이해가 잘 안 되면다시 앞으로 가서 읽고 또 읽어 눈에 익혀 반드시 내 것으로 만들어야 합니다.

이평선 매매를 맹신하면 안 된다

이평선 매매는 너무 많은 사람들이 이용하는 지표매매이기 때문에 일반적이긴 합니다. 하지만 이평선 매매는 실패 확률도 상당히 높습니다.

세력은 차트를 이용해서 그림을 만들어 매수를 유발한 후에, 차트를 붕괴시킵니다. 차트 1-13-5의 두 번째 차트를 보면 이평선에서 매매했을 경우, 하락이 더 자주 보임을 알 수 있습니다. 그래서 차트만 보고 매매하는 투자자들이 많이 아는 것 같지만 세력의 가장 쉬운 먹잇감이 되는 겁니다.

아래에서 몇 개 차트의 마디선을 그어봤습니다. 마디선을 그으면 이평선 매매를 할 때와 어떤 차이가 생기는지 눈으로 직접 확인해보기 바랍니다.

■● **차트 1-13-6 이평선과 마디의 이해(비교차트 ①)**

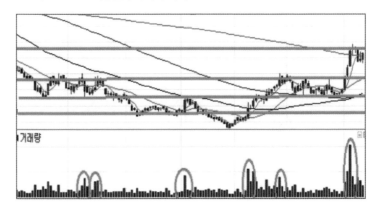

■● 차트 1-13-7 이평선과 마디의 이해(비교차트 ②)

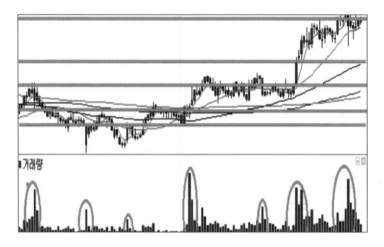

■● 차트 1-13-8 이평선과 마디의 이해(비교차트 ③)

사실, 이동평균선 매매법은 가격에 뒤따르는 후행매매법이라고 볼 수 있습니다. 가격이 만들어진 후에야 이동평균선이 만들어지므로, 특히 단기투자하는 사람들은 항상 뒷북을 치기 일쑤입니다.

이동평균선은 때때로 잘 맞는 경우도 있으나, 우리 개인투자자들이 맹신하고 투자의 지표로 삼을 만큼의 신뢰도는 떨어진다고 봅니다. 지지와 저항, 그리고 갭을 거래량과 결합해 주가의 마디를 익히는 방법이 더욱 좋을 수 있겠습니다.

우리가 이렇게 차트를 분석하는 이유는 가장 최적의 매수지점을 찾기 위함입니다. 매수 지점을 찾아 분할매수로 대응하면 단기간에 수익이 발생할 수 있고, 마음의 안정을 찾게 되며, 보다 여유롭게 투자를 할 수 있습니다. 하지만 시간과 자금이 부족한 개인이 분석 없이 매수를 하게 됐을 때 생길 수 있는 시간의 낭비와 손실구간에서의 불안함은 자칫 투자 실패로 이어질 가능성이 큽니다.

저점이 높아지는
종목을 찾으세요

주가의 저점이 차츰 높아지는 종목을 포착하는 법과
그 의미를 이해하고 투자자의 대처법에 대해 공부합니다.

저점이 높아진다는 것은 쌍바닥이나 3중바닥을 찍지 않거나 박스의 하단을 찍지 않고 바닥의 이전 저점가격 이상에서 매수가 지속적으로 유입되는 경우를 말합니다. 지지선에서 종목을 매수하려는 투자자보다 그 위에서 물량을 채가는 사람들이 많다는 의미로, 매수세가 점점 강해지는 상황이라고 해석됩니다.

이 기간 동안은 거래량이 급격히 늘지 않고 상승과 하락을 반복하며 물량을 빼앗아가므로, 지겹게 느껴져서 매도하는 사람이 생깁니다. 세력은 매도하고 나간 투자자가 낮은 가격으로 다시 매수를 하지 못하도록 저점을 서서히 높여간 후 본격적인 상승을 이끌어가는 경우가 있으니 저점이 높아지는 종목은 잘 관찰해야 합니다.

저점을 높이는 다양한 차트 유형

일정 기간 저점을 높인 후 슈팅이 나오는 모습

■● 차트 1-14-1 일정 기간 저점을 높인 후 슈팅이 나온 차트

차트 1-14-1은 전형적인 세력의 매집형태를 보이는데, '박스'를 만들어놓고 개인들이 가장 선호하는 20일 이동평균선을 수 차례 무너뜨리며, 개인들의 손절을 지속적으로 유도해 물량을 매집한 후 가격을 급등시키고 있습니다.

여기에서도 보듯이 이동평균선 매매는 확률상으로는 성공하기보다는 실패할 가능성이 상당히 높은 매매법이므로 각별한 주의

가 필요합니다.

또한 이러한 저점을 높여가는 종목은 삼각수렴형의 모습을 보이는 경우와 상승박스형의 모습을 만들어가는 형태가 많다는 것을 기억해야 합니다.

이처럼 기술적 분석을 통해 매매를 하는 투자자는 항상 저항과 지지를 체크하면서 현재 투자하는 종목의 차트가 어떤 형태의 모습을 보이고 있는지도 확인해야 합니다.

차트 1-14-1을 조금 더 살펴보겠습니다.

■● 차트 1-14-2 저점이 높아지는 상승 삼각형 차트

단기적으로 고점에서 수개월간 저항이 있어, 주가가 고점을 돌파하지 못하고 있는데, 저점은 점차로 높아지면서 삼각형 형태의 그래프가 만들어지고 있습니다. 이러한 형태의 그래프를 상승 삼각형이라 부릅니다.

이런 경우는 오른쪽으로 갈수록 삼각형의 모양이 좁아지면서 모서리 지점부근에서 주가의 변동성이 나타날 가능성이 상당히 커집니다.

이러한 상승 삼각형은 일반적으로 저점이 높아지면서 저점이 고점을 돌파하는 형태가 되는 것으로 향후 주가가 상승할 가능성이 높아진다고 봅니다.

단기저점을 높여가면서 모든 이평선을 돌파하는 모습

■● 차트 1-14-3 단기저점을 높여가면서 모든 이평선을 돌파한 차트

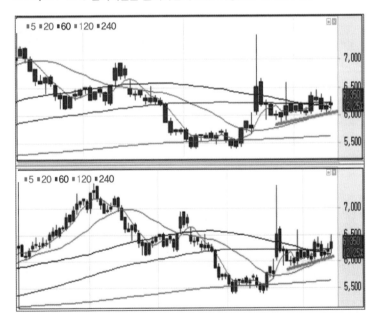

차트 1-14-3의 경우는 중기가 아닌 단기적으로 저점을 높여가면서 의미 있는 모습을 보이는 차트입니다.

약 2주간에 걸쳐서 단기저점을 높이면서 앞서 말한 상승 삼각형이 아닌 균형 삼각형의 형태에서 주가가 어떻게 움직였는지 살펴봅니다.

아래의 차트 1-14-4를 보겠습니다.

■● 차트 1-14-4 저점은 높이고 고점은 낮아지는 균형 삼각형 차트

이 차트를 보면 이전 상승 삼각형과 같이 저점을 높이고 있으나 다른 모양의 삼각형이 만들어지고 있습니다. 그 다른 점은 바로 고점이 자꾸 낮아지는 상황이면서, 다시 말해 고점은 낮아지고 저점은 높아지면서 균형 삼각형이 만들어지고 있는 상황입니다. 이러한 균형 삼각형은 상승과 하락의 가능성을 각각 50%로 판단하게 됩니다.

더욱 중요한 점은 삼각형이 좁아지는 오른쪽으로 갈수록 각각의 이동평균선이 모아지면서 가격의 변화가 일어날 가능성이 높아지고 있다는 것입니다.

하락과 상승의 기로에 놓여있던 마지막 일봉(초록색 동그라미)이 모든 이동평균선을 돌파하는 안정된 모습을 보여주면서 상승과 하락의 기로에 놓여 있던 주가가 상승 가능성이 훨씬 높아진 상황이 되었습니다.

단기저점을 높이며 물량을 뺏아간 후 본격상승이 나오는 모습

■● **차트 1-14-5 단기저점을 높이며 물량을 뺏은 후 본격상승이 나온 차트**

단기 저점을 높이고 있는 구간은 일반적으로 거래량이 크게 터지지 않으면서 매집이 이루어집니다. 지루함을 느끼고 나가는 물량을 잡는 세력의 움직임은 매우 은밀하며 허매수와 허매도를 반복하기 때문에 거래량 없이 윗꼬리나 아랫꼬리가 많이 발생하거나 샛별 모양의 일봉이 많이 나타나기도 합니다.

이러한 차트 모양 또한 소형주보다는 중형주와 대형주에서 신뢰도가 높아집니다. 소형주에서는 상승 삼각형이든 하락 삼각형이든 세력들이 그들의 자금력으로 저점과 고점을 고의로 붕괴시키면서 물량을 흡수하는 경우가 많으므로 면밀한 관찰이 필요합니다.

240일선을 상향 돌파하는 종목을 주목하세요

주가가 장기경기선이라 불리는 240일선을 상향돌파 시,
주가에 던지는 시그널을 이해하고 활용법을 알아봅니다.

기간에 따른 각각의 이동평균선은 다음과 같은 의미를 갖습니다. 5일선은 시세선이라 하며 일주일간의 평균주가를 이은 선입니다. 20일선은 추세선이라 하며 한달 간의 평균주가를 이은 선입니다. 60일선은 심리선이라 하며 3개월 간의 평균주가를 이은 선입니다. 120일선은 경기선이라 하며 6개월간의 평균주가를 이은 선입니다. 240일선은 장기 경기선이라 하며 1년간의 평균주가를 이은 선입니다.

5일선, 20일선, 60일선은 단기적 시세의 변동에 적용하기에 적합한 이동평균선입니다. 120일선과 240일선은 장기적 투자관점에서 매우 유용하게 쓰이는 이동평균선입니다.

따라서 주가가 240일선을 돌파한다는 의미는 주가 추이의 장기적 관점이 긍정적으로 변화될 수 있음을 의미하므로 주가의 240일선 돌파는 특별한 의미를 갖습니다.

240일선은 특히 중요하다

특히 240일선은 개인투자자라면 각별히 관심을 가져야 합니다. 240일선은 중대형주가 추세적 하락이 진행중이었거나 실적의 부진 등으로 주가의 흐름이 지지부진하던 중, 기업의 실적 변화나 업종의 시황 변동 등으로 기업의 펀더멘털에 변화가 생기면서 주가가 하락흐름을 끊고 상승으로의 전환을 모색하는 초기 단계에 눈여겨봐야 할 매우 중요한 이평선입니다.

240일선을 돌파한 주가는 중장기투자에 매우 중요한 의미를 가지며, 차트상 기술적 분석의 매우 중요한 지표가 됩니다. 주가가 하락의 흐름을 끊고 240일선을 돌파하는 상승 전환 흐름이 나올 경우 단기매매보다는 중장기투자로 시세를 충분히 취하는 투자가 바람직합니다.

하락중인 차트에서는 240일선이 강력한 저항으로 작용하기 때문에 좀더 안전한 매매를 하기 위해서는 주가가 240일선을 돌파한 후 240일선이 다시 강력한 지지선으로 작용하는 것을 확인한 후 매수하는 것이 적절하며, 상승중이던 종목이 240일선까지 크

게 내려온다면 우량주는 적극적인 매수지점으로 활용되고, 부실
종목은 적극적인 매도지점으로 활용됩니다. 또한 대형주의 일봉
이 240일선을 하향 돌파할 때는 회사의 실적이나 업종의 흐름에
문제가 있는지 꼭 파악해야 합니다.

차트 1-15-1과 1-15-2는 2017년 초에 240일선을 돌파한
'다나와'의 일봉 차트와 이후 주봉 차트입니다.

■● 차트 1-15-1 240일선을 돌파한 다나와 일봉 차트

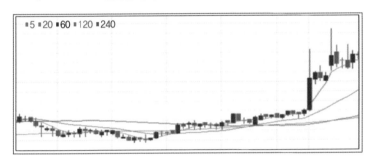

■● 차트 1-15-2 240일선을 돌파한 다나와 주봉 차트

차트 1-15-3과 1-15-4는 2019년 초 240일선을 돌파한 '카카오'의 일봉 차트와 이후 주봉 차트입니다.

■● 차트 1-15-3 240일선을 돌파한 카카오 일봉 차트

■● 차트 1-15-4 240일선을 돌파한 카카오 주봉 차트

이러한 종목을 잡는 방법을 소개하겠습니다. 하락 추세 중이던 주가가 서서히 단기추세선인 5일선, 20일선, 60일선을 아래에서 위로 돌파하는 흐름이 나오고, 단기 추세선이 장기 추세선을 상향

돌파하는 흐름이 나오며 주가가 차츰 240일선에 근접하는 흐름
이 나오면, 해당 기업의 펀더멘탈(실적, 업황 등) 변화를 추적 관찰
해야 합니다.

'다나와'와 '카카오' 차트를 잘 보면 이런 흐름이 명확히 눈에 보
일 겁니다.

■● 차트 1-15-5 240일선을 돌파한 인텍플러스의 흐름

차트 1-15-5의 '인텍플러스'도 2020년 초 실적전망의 상향으
로 주가가 240일선을 돌파해가던 중 코로나19의 여파로 인해 조
정을 받았으나, 다시금 주가를 회복하며 원래의 모습을 되찾아 계
속 우상향중인 차트의 모습입니다.

차트 유형에 따른 매수는
언제, 어떻게 하나요?

똑같지는 않지만 수많은 닮은꼴의 주가차트가 존재합니다.
차트 유형에 따라 매수지점을 어떻게 설정하는지 알아봅니다.

기술적 분석에 따른 매매를 하는 경우, 주식시장의 2천 개가 넘는 종목에서 똑같은 차트는 한 종목도 없으며 각각 다른 차트를 그리고 있지만 비슷한 유형의 차트를 공부하고 분석하면 유사한 유형의 차트를 또한 수없이 많이 발견하게 되고, 그 차트들을 눈에 익히다 보면 자신도 모르게 저절로 몸이, 손가락이 저절로 반응하게 됩니다.

주식투자의 기본은 성장가능성과 내재가치에 따른 향후 주가상승이 예견되는 종목을 매수하는 것이나, 매매의 기본을 모른다면 엉뚱한 자리에서 매매를 해서 시간 손실 및 정신력 낭비를 불러오게 되므로 기술적 분석법을 익혀 시간낭비를 최소화 하는 효율적

투자가 이루질수 있도록 해야 합니다.

차트의 모양도 약간씩은 다르긴 하지만, 일정 패턴을 가지고 움직이는 경우도 많으므로 유사한 차트를 발굴 및 분석해 투자에 접목시키는 것은 순전히 투자자 본인의 몫입니다.

비슷한 유형의 차트를 공부하고 분석하라

바닥에서 분출하는 경우

■● 차트 1-16-1 모멘텀 발생으로 바닥에서 시세를 분출하는 차트

차트 1-16-1은 지속적으로 하락중인 종목 중에서 바닥을 확인하면서 상승을 도모하는 모습입니다. 이미 설명한 부분인데, 5일선이 20일선을 단기적으로 돌파하는 지점보다는 5일선이 60일선

을 돌파하는 지점부터 주가가 60일선을 지지하는 지점을 확인하면서 매수합니다.

바닥에서부터 차례로 장기 이동평균선을 상향 돌파하는 중대형주의 모습이 발견되면 반드시 상승 모멘텀이 존재합니다. 이때 기업의 실적이 좋아지고 있는지, 업황에 변화가 생기고 있는지에 대한 조사를 해야 합니다.

1차 상승 때 갭이 발생한 경우

■● 차트 1-16-2 갭이 발생했을 때 매수 지점

차트 1-16-2를 보면 초록색선에서 갭이 발생했고, 1차 상승 후 조정을 기다렸다가 매수하는 방법입니다.

이런 차트를 보면 이동평균선 매매를 했다가는 절대로 수익을 낼 수 없는 구조임을 알 수 있습니다. 이동평균선은 무시하고 갭이 발생한 부분을 메우는 지점까지 끈질기게 인내하며 기다렸다

가 매수합니다. 앞서 공부했듯이 갭이 발생한 곳의 전일 양봉의
상단과 종가부근에 매수 자리가 생긴 것을 볼 수 있습니다.

1차 상승 후 조정중일 때

■● 차트 1-16-3 지지와 저항에 실패한 사례

차트 1-16-3은 저항과 지지를 이용한 가장 일반적인 경우입
니다.

고점 돌파 후 조정이 오면 전고점이 지지점(1번)이 되고, 그 다
음 다시 2차고점 돌파 후 전고점인 2번지점이 당연히 지지선이
구축되는 지점이었으나 갑작스런 악재가 터지면서 지지에 실패한
모습이지요. 차트가 아무리 좋고, 일반적인 유형의 모습이라도 종
목 뉴스 모니터링에 실패한다면 어려움에 처할 수 있는 예입니다.

박스를 그리는 종목

■● 차트 1-16-4 박스를 그리는 종목의 매수 지점

차트 1-16-4는 큰 박스구간 안에서 주가가 오랜 기간 움직인 경우입니다. 이런 유형은 이동평균선 매매는 전혀 소용이 없고, 박스를 2등분했을 때 상하 각각의 박스 안에서 주가가 움직인 경우인데, '지지와 저항+박스의 상하'를 면밀히 분석하지 못하면 수익을 창출하기가 매우 어려운 차트입니다.

이런 유형은 박스의 하단을 매수 지점으로 설정합니다(차트 1-16-4의 빨간색 동그라미).

상승 후 특별한 사유 없이 하락하는 우량주

실적의 지속 하락이나, 갑작스런 큰 악재가 없다는 가정하에 차트 1-16-5와 같이 상승하던 주가가 지지에 실패하면서 이동평균

134

선을 하향 돌파하는 하락돌파형이 나오면서, 단기 역배열 상태로 들어가면서 하락흐름이 나올 경우 당황하지 말고, 주봉과 월봉을 열어놓고 지지선을 찾아야 합니다.

■● 차트 1-16-5 역배열이 발생한 우량주 차트

우량주의 경우, 역배열이 발생하면 자칫 중장기 역배열로 이어지거나 수년간에 걸친 주가 하락이 나타날 가능성이 있습니다. 그러므로 실적과 회사의 국제적 업황 등에 대한 정보를 빠르게 입수·분석해서 대응해야 합니다.

차트 1-16-6은 주봉의 모습, 주가가 120일 선에서 지지가 되는 모습입니다. 업황이나 기업의 실적이 악화되는 경우가 아니라면, 중장기 이동평균선인 120일선이나 240일선에서는 지지되는 모습을 보입니다. 그래서 120일선이나 240일선을 경기선, 장기 경기선이라 부릅니다(이 경우도 단순히 이동평균선으로 판단하지 말고, 지지와 저항을 고려해야 합니다).

위의 차트 1-16-6처럼 우량주의 단기 하락은 상승중 고점대비 20~30% 조정으로 마무리되는 경우가 많으므로 고점에서 매수했더라도 섣부른 손절은 삼가야 합니다. 우량주 투자는 시간에 대한 투자이므로 조정기를 이겨내는 현명함이 필요합니다.

아래 3개 차트(각각 일봉, 일봉, 주봉)를 보면 일봉상 120일선에서 지지 가능한 모습이나 기준봉과 장기 이동평균선으로 보면 또 의미가 달라집니다.

■● 차트 1-16-7 역배열 하락중인 차트(일봉)

■● 차트 1-16-8 역배열 하락중인 차트(일봉-지지선 표시)

■● 차트 1-16-9 역배열 하락중인 차트(주봉)

맨 위 일봉의 이동평균선으로 보는 120일선보다는 지지와 저항으로 판단한 두 번째 주봉 차트의 대략 초록색선을 지지선으로 판단하고 대응하는 것이 바람직합니다(주봉으로도 지지선이 대략 초록색선에 위치해 있습니다).

물론 주가는 일봉상 120일선에서 반등할 수도 있고, 주봉상의 초록색선에서도 반등이 나올 수 있습니다. 하지만 개인투자자는 최대한 최악의 경우를 감안해서 최하 지점을 공략하는 것을 목표로 해야 합니다.

　개인투자자는 매수 후 주가가 하락하면 매우 불안해하기 때문에 가능한 최저점을 공략하기 위해 노력해야 합니다. 주가의 움직임을 정확히 예측한다는 것은 불가능하므로, 상황에 따라 대응하는 능력을 배양하는 것은 순전히 투자자 자신의 몫임을 명심해야 합니다.

두 차트 중 어떤 종목을
매매해야 할까요?

주식투자는 이익추구보다는 위험관리가 먼저입니다.
두 종목의 차트를 비교하며 위험관리법을 알아봅니다.

개인투자자들이 가장 많이 하는 매매 실수는 작은 수익을 무시하고 큰 수익을 좇는 겁니다. 차트 또한 안정적 수익을 줄 가능성이 있는 차트보다는, 거래량이 폭증하면서 양봉을 크게 그리며 오르며 상한가를 칠 것으로 예측되는 차트를 선호합니다.

개인투자자의 최대 약점은 변동성에 대한 취약과 멘탈관리의 부족입니다. 이로 인한 투자 손실을 최소화하려면 리스크를 줄이는 방향으로 매매를 해야 합니다.

저가주, 급등주, 테마주들이 수익을 많이 주는 것같이 보이지만, 실상은 변동성과 멘탈 붕괴로 인해 개인들은 수익을 내기가 매우 어렵습니다. 작은 수익을 무시하고 큰 수익에만 목매는 주식투자는 결국 자신을 나락으로 떨어뜨리는 길임을 잊지 말고 안정된 투자를 해야 함은 이미 수많은 사례에서 증명되었습니다.

특히 보유 종목의 움직임이 부진하면 급등주에 눈을 돌리는 개인투자자의 특성을 노리는 세력의 저가주, 테마주에 대한 주가 조작에 취약한 개인투자자의 급등주 추격매수로 손실이 급증하는 현실에서 안정적 투자는 그 무엇보다 중요합니다.

일봉과 주봉을 함께 놓고 보자

A와 B의 두 종목은 바이오 관련 재료가 있으며, 상승 추세에 있고, 시가총액도 비슷한 회사입니다. 다음 두 종목 중에서 과연 어떤 종목을 사는 것이 좋을까요?

■● 차트 1-17-1 A 종목의 일봉 차트

A와 B 차트의 장점을 각각 살펴보겠습니다.

A 차트의 장점은 다음과 같습니다. 첫째, 거래량이 폭증하고 있습니다(무언가가 있습니다). 둘째, 전고점을 돌파했습니다(지지선을 확보했습니다).

그렇다면 B 차트의 장점은 무엇일까요? 오늘 나온 양봉은 상승으로 가는 출발점일까요?

A종목은 주가 급등과 거래량 폭증으로 투자자들의 시선을 끌어들이는 효과를 발휘해 익일에 양봉이 나온다면 개인투자자들이 추격매수에 들어갈 가능성이 커보이며, B종목은 아직 전고점을 돌파하지 못해 투자자들의 이목을 끌지 못한 상황입니다.

그런데 여기서 잠깐, 혹시 주봉은 궁금하지 않았나요? 일봉과 주봉을 항상 같이 놓고 보는 습관을 가져야 합니다. 두 종목의 주봉을 보겠습니다.

이쯤에서 다시 두 종목의 차트상 리스크를 알아보겠습니다.

A 차트의 리스크는 다음과 같습니다. 첫째, 주봉상 2018년 매물대 상단을 맞고 긴 윗꼬리가 나왔습니다. 둘째, 일봉상 아래에 갭이 있어 조정시 변동성이 커집니다(갭의 크기가 약 5%).

그렇다면 B 차트의 리스크는 뭘까요? 아무리 차트를 살펴봐도 리스크를 찾기가 어렵습니다.

A 차트는 전일 긴 윗꼬리에 많은 개인투자자들이 물려 있는 것으로 보입니다, 물론 윗꼬리에 물려 있는 물량을 흡수할 만큼 좋은 재료가 있다면 윗꼬리를 흡수하고 최고가인 2만원을 돌파할 수도 있겠지만, 확률상으로는 상당한 어려움이 있을 것입니다.

B 차트는 바닥을 다진 후 의미 있는 기준봉을 금일 뽑아냈으니, 이 기준봉을 지표로 삼아 앞서 배운 대로 매매를 진행하면 될 것으로 보입니다. 주봉 또한 바닥을 잘 다지는 중인 것으로 보이는데, 저점분할 매수만 지킨다면 안정적인 수익이 기대됩니다.

또한 개인의 가장 큰 약점 중 하나인 변동성 측면을 감안한다면, A 차트는 변동성이 너무 커서 개인이 이 종목을 매수하더라도 수익을 내기가 쉽지 않습니다. 투자 없이 그냥 눈으로 관찰할 때와 내 돈이 투입될 때는 심리적 측면에서 엄청난 차이를 보입니다.

급등주와 변동성이 큰 종목은 개인이 매수하더라도 심한 변동성으로 인해 작은 수익이 나도 불안해합니다. 막상 손절할 상황에서도 손실금액이 아까워 손절을 하지 못하면서 결국 크게 타격을 입는 경우가 많습니다.

그 이유는 시작부터가 잘못되었기 때문입니다. '주식투자는 큰 수익을 노리기보다는 안정된 수익을 창출해야 한다'는 기본적인 멘탈관리에 실패하면 지금까지 익히고 배운 기술적 분석은 아무런 소용이 없어집니다. 급등주매매로 수익이 몇 번은 날 수도 있으나, 그러한 우연은 절대로 지속적이지 못합니다.

몇 가지 예로 살펴보는
차트 유형

차트에는 위, 아래, 수평, 수직 등의 힘이 존재합니다.
차트 유형을 알아야 매매 여부와 투자기간이 설정됩니다.

차트를 볼 때 가장 중요한 건 힘을 느끼는 겁니다. 상승의 힘이 강한지 아니면 하락의 힘이 강한지, 즉 힘이 아래로 느껴지는지 아니면 위로 느껴지는지 입니다.

그 흐름을 느끼는 방법은 거래량을 살피는 것입니다. 최근 거래량이 늘어나고 있는지, 거래량이 많은 날 양봉이 나오는지 아니면 음봉이 나오는지, 힘이 실리면서 의미 있는 가격대를 돌파하는지 밀리는지 등 많습니다.

주가는 상승과 하락을 반복하면서 일정 박스와 추세를 계속 만드는데, 그 박스 안에서 힘을 축적하는 과정을 항상 눈여겨봐야 합니다. 그리고 그 힘이 박스를 그리고 추세를 밀어올리는지 아니면 처내리는지를 계속 관찰하고 공부하면 지지선과 저항선이 보이고, 힘을 느낄 수 있습니다.

차트 유형의 이해

고점 돌파형

■● 차트 1-18-1 고점 돌파형 차트 ①

■● 차트 1-18-2 고점 돌파형 차트 ②

상승 준비형

■● 차트 1-18-3 상승 준비형 차트 ①

■● 차트 1-18-4 상승 준비형 차트 ②

■● 차트 1-18-5 상승 준비형 차트 ③

눈치보기형

■● 차트 1-18-6 눈치보기형 차트 ①

■● 차트 1-18-7 눈치보기형 차트 ②

눈치보기형은 주가가 상승과 하락의 기로에서 약간 더 횡보할
가능성에 놓여 있는 차트를 말합니다. 향후 주가 방향과 일봉 흐
름에 따라 매수할지, 관심종목에서 제외할지 결정해야 합니다.

120일선, 240일선 지지형

■● 차트 1-18-8 120일선 지지형 차트

■● 차트 1-18-9 240일선 지지형 차트

차트 유형이야 이것들 말고도 무수히 많습니다. 하락쐐기형, 상
승쐐기형 등등 이름도 어렵습니다.

차트 유형도 종목의 성격에 따라 다르게 해석될 수 있습니다.

대형주가 240일선에서 지지를 받으면 다시 상승할 준비가 되고 있다는 의미로 받아들일 수 있지만, 소형 작전주가 1차 상승 후 240일선에서 버티는 것은 차트매매를 하는 개인투자자의 주머니를 노리는 속임수일 수도 있습니다.

상승 준비형 차트 또한 대형주라면 어느 정도 신뢰를 가지고 마디분석에 따른 매매로 접근해서 좋은 결과를 가져올 수 있습니다. 하지만 소형 개별주는 세력이 마음대로 차트를 갖고 놀기 때문에 상승 준비형 차트라는 근거만으로 판단을 내리기가 매우 어렵습니다.

따라서 본격적인 매매를 하기 전에 관심 종목에 대해 일정기간 사전 모니터링을 꾸준히 하는 습관을 들여야 합니다. 뉴스를 보고 바로 산다거나, 추천을 받아 바로 사는 준비가 안 된 매매 행태는 세력이 노리는 덫에 스스로 걸어 들어가는 매우 위험한 행위입니다.

지수 차트를 반드시
공부해야 하는 이유

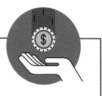

지수는 방향을 알려주는 나침반과 같습니다.
종목을 보기 전에 시장 전체의 방향을 알아야 합니다.

차트에 대한 이론은 항상 논란의 대상입니다. "차트 보고 주식 하면 망한다." "차트는 후행이다" "차트는 정말 중요하다" 등등 차트에 대한 의견이 너무나도 분분합니다.

차트에 대한 제 주관적인 생각을 말해보겠습니다. 개별 종목의 차트는 정말 믿을 게 못됩니다. 세력이 자신의 의도대로 언제든 만들 수도, 부술 수도 있습니다. 그러나 지수 차트는 엄청난 불특정 다수가 참여해 만들어지기에(9·11테러나 금융위기 같은 예상치 못한 급작스런 상황만 아니라면) 증시 주변 여건(재료, 환율 등)을 고려한 예측은 크게 빗나가지 않을 수 있습니다.

종합지수의 상황을 면밀히 파악하자

아래는 다우지수의 2016~2017년 차트입니다(급등 전 차트).

이 당시에 미국 다우지수는 고점 논란에 휩싸입니다. 거침없이 오르는 다우지수에 대한 거품 우려와 조정 가능성에 대한 두려움이 서서히 시장에 번지기 시작할 때입니다.

■● 차트 1-19-1 2016~2017년 미국 다우지수 일봉 차트

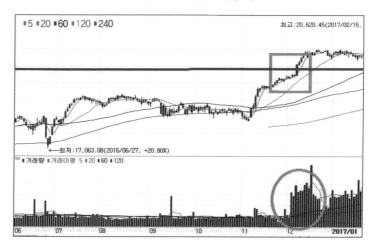

2017년 다우지수 일봉 차트를 가져왔습니다. 2020년 차트와의 비교를 위해서입니다. 당시 "다우지수는 쉽게 무너지지 않을 차트"라고 제가 운영하는 카페 회원들에게 지속적으로 말한 기억이 있습니다.

다우지수 차트의 든든한 지원군은 차트 1-19-1의 아래 동그라미 친 거래량입니다. 동그라미 친 거래량에 해당하는 일봉은 위에 네모박스입니다. 이 부분이 훼손되지 않을 가능성이 큰 이유입니다. 특히 장대 양봉이 나온 날의 중간 지점에 빨간 선을 그어놨는데, 그 부분이 훼손된다면 일단 후퇴를 해야 합니다. 설령 다시 잡더라도 말이지요.

그런데 뉴스를 보니 아래 거래량이 많이 터진 부근에서 워런 버핏이 애플과 항공주를 많이 매수했다는 소식이 있었습니다. 네모박스 지점을 위협한다면 워런 버핏 같은 큰손 투자자가 분명 방어하거나 손절을 감행하겠지요. 하지만 워런 버핏 같은 투자자는 여기에서 절대 손절을 감행하지 않을 것입니다. 그래서 여기는 중요한 지점입니다.

차트 1-19-2에서 보듯 이후 급등중입니다.

■●　**차트 1-19-2 2017년 미국 다우지수 일봉 차트**

지수 3만을 바라보면서 승승장구하던 미국 다우지수가 2020년 2월 코로나19의 발발로 인해 급락했습니다. 다우지수는 29,568이란 고점을 찍고 단기에 엄청난 급락을 했는데, 시장은 다시 언제 그랬냐는 듯 제자리를 찾아가고 있습니다.

시장의 큰손 매수대기자는 언제나 폭락을 기다립니다. 대다수 시장참여자가 큰 손실을 기록하는 폭락의 때를 노려 물량을 받아 시장에 진입하는 거대 세력은 항상 있어 왔습니다.

앞서 이야기했듯이, 시장에는 항상 시장을 이끌어가는 주도주가 있게 마련이고 세력은 자신의 매수단가에서는 홀딩, 추매, 주가 떠받치기, 손절 등의 결정을 내려야 합니다.

아래 차트 1-19-3을 살펴보면 우연이든 아니든 제가 2017년 당시 카페에서 언급했던 그 자리에서 정확히 반등이 나왔고, 세력은 다시 자신의 매수 단가 위에서 여유 있게 주식 투자를 하고 있습니다.

■• 차트 1-19-3 2017~2020년 미국 다우지수 일봉 차트

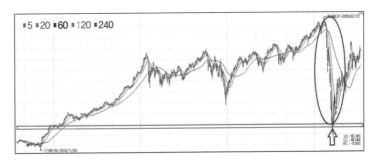

종합지수 차트는 매우 중요합니다. 종목이 시장을 이길 수 없다는 말이 있듯이, 시장 전체가 어려운 시기는 종목들도 힘을 받기가 상당히 힘들며, 종합지수가 받쳐준다면 큰 호재가 아님에도 주가는 상승 탄력을 받아 조금은 더 쉽게 움직일 수 있습니다.

따라서 개인투자자는 항상 시장의 전체 시황과 종합지수의 상황을 면밀히 파악해서 저점매수 기회의 순간을 놓치지 않도록 해야 합니다.

주식투자는 나무를 보기 전에 숲을 보는 자세가 반드시 필요합니다. 특히 한국 주식시장은 미국지수의 영향을 크게 받아 미국지수의 등락에 따라 동조화되는 경향이 많으므로 항상 미국 시장의 다우지수와 나스닥 지수의 상승 및 하락뿐 아니라 차트까지도 공부를 해야 시장 전체 흐름을 읽는 데 도움이 됩니다.

상승갭 발생 후 3개의
지지선을 찾아내는 법

상승갭 발생 시 지지선을 알아야 저점매수가 가능합니다.
이것을 잘 이해하면 활용 가능성도 무궁무진합니다.

주식투자의 기본은 장기투자이지만, 우리나라같이 장기 박스권
을 돌파하지 못하고 상승과 하락을 반복하는 국가의 주식투자는
기술적 분석을 통한 매매도 상당히 중요한 투자방법 중 하나입
니다.

상승갭 발생 후 지지선 찾기에 대한 공부입니다. 이미 배운 바
와 같이 갭에서는 지지와 저항이 없으므로 변동성이 커지는데, 단
지 갭이 발생한 2개의 봉만을 비교하는 것이 아니라 이전에 발생
한 봉과 거래량을 고려하면 또 다른 분석이 가능하기에 보다 복합
적으로 갭부근에서의 매매방법을 공부해보겠습니다.

차트를 보면서 3개의 지지선을 찾아내는 방법을 소개하겠습니다.

지지선이 안 보이면 매수하지 마라

아래 종목은 7,000원선에서 강하게 치고 올라가 12,300원까지 갔다가 11,250원까지 조정을 받은 상황입니다. 아래 차트를 보면 초록색선 사이 빨간 동그라미 부근에서 반등이 나올 수 있습니다. 가격대는 11,200~10,700원 정도 됩니다.

■● 차트 1-20-1 상승갭과 기준봉이 발생한 차트

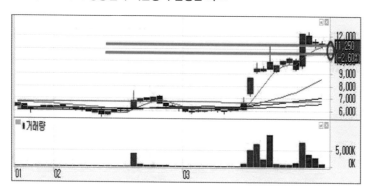

이것은 급등 후 기준봉 개념으로 접근하는 겁니다. 다음날의 차트 1-20-2를 보겠습니다.

기준봉은 급등이나 급락 시 조정과 반등의 기준으로 삼을 수 있는 봉을 말합니다.

차트 1-20-2에서는 매수자리가 세 군데 나오는데, 첫째가 기준봉 자리입니다. 초록색 동그라미가 기준봉이고, 일반적으로 주

156

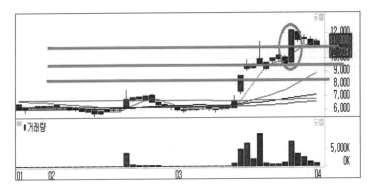

가가 무너지지 않는다면 기준봉의 1/2자리는 마지노선으로 지키게 되는데 그 가격대가 대략 11,000~10,700원 정도 됩니다.

　일단 그 자리에서 매수 후 버티기에 들어가고, 기준선의 중간이 무너지면 다음 라인(두 번째 초록색선) 매물이 있었던 지지선 라인이 지지선이 됩니다. 만일 그 자리도 무너진다면 갭이 발생했던 세 번째 라인, 즉 장대양봉의 상단 부근이 매수 자리가 됩니다.

　주가가 조정을 받을 때, 지지선을 찾아내는 것은 상당히 중요합니다. 기준봉의 1/3과 1/2 지점, 매물대가 지지선으로 바뀐 지점, 그리고 갭이 발생한 지점, 아랫꼬리가 있었던 지점 등 여러 지지선이 있는데, 차트를 보면서 지지선을 판단하는 능력을 키워야 합니다.

저항가와 지지가에서 매매하는 법

삼성중공업 사례를 통해 지지와 저항에서 어떻게 대응하는 것이 현실적으로 현명한 투자법인지 자세히 알아보겠습니다.

저항에서 끊어주고, 저항을 돌파하면 홀딩하면 됩니다. 이처럼 아주 간단한 이론을 방해하는 건 우리의 심리입니다. 즉 인간의 욕심 때문이지요.

시기가 좀 지난 차트라 할지라도, 차트는 수많은 유형이 존재하고 상황마다 다른 대처가 필요하기 때문에 그냥 보고 지나치는 것이 아니라, 자꾸 분석하는 습관을 들여야 합니다. 이렇게 하나하나씩 수많은 차트를 분석하며 눈에 익히기를 반복하면, 차트 유형이 눈에 들어오고 저항가와 지지가가 단시간에 분석되면서 점차 빠르게 차트를 읽는 능력이 만들어집니다.

전고점과 저항을 돌파하지 못하면 밀린다

이해를 돕기 위해 2016년으로 거슬러 가보겠습니다. 사상최고 치에서 몰락한 조선업종의 반등에 대한 내용입니다. 지지선에서 매물을 잡고 저항선에서 수익을 확정해야 하는 이유에 대한 설명입니다.

당시 제가 운영하는 카페의 회원이 삼성중공업 매매 시점에 대해 문의를 해서 조선주들을 들여다봤습니다. 당시 조선업섹터가 몇 년간 많이 힘들었고, 대부분 3분의 1토막까지 났다가 회복중인 상황이었습니다.

현대중공업, 삼성중공업 등 조선주들의 반등기운이 몇 년 만에 강하게 나오면서 전반적으로 삼성그룹 관련 종목들의 주가가 좋은 상황이었습니다. 그 당시 반등의 원인을 보자면 첫째가 중국 조선업의 몰락이었고, 둘째가 대우조선해양의 구조조정 실패에 따른 반사이익이었으며, 셋째가 낙폭 과대였습니다.

조선주뿐 아니라 대형주의 주가흐름은 첫째도 실적, 둘째도 실적입니다. 반등은 정도의 차이가 있을 뿐이지, 말 그대로 반등에 그칠 뿐입니다. 실적이 뒷받침되지 않으면 반등하다가 다시 꼬꾸라지는 게 다반사이기 때문에 상황을 객관적으로 냉철하게 볼 필요가 있습니다.

차트상으로 보자면, 하락흐름으로 가던 주가가 외국인과 기관의 매수에 힘입어 추세를 반전시킨 자리가 보입니다. 이때가 '중

국의 조선업 몰락'이라는 뉴스가 뜨기 시작하던 때입니다. 즉 상
대적으로 혜택을 볼 수 있는 상황이 된 것입니다.

아래의 차트 1-21-1을 보면 1월초, 일봉모양이 하락 추세가
반전되는 지점이 보입니다. 상승돌파 때 잡거나 돌파 후 조정을
줄 때 잡는 게 정석입니다.

■● **차트 1-21-1 삼성중공업 일봉 차트**

오른쪽의 주봉을 보자면, 차트 이론적으로 매물대는 12,800
선부터 시작됩니다. 12,800~15,000원 사이입니다. 지지선은
11,000원에 형성되어 있고, 목표 지점은 15,000원입니다.

거래량을 감안하면 거대 거래량 지점이 1차 저항입니다. 가격
대로 보자면 13,000~15,000원이므로 보유자는 13,000원 이상
에서는 수급이 불안해지면 언제든지 매도할 준비를 해야 합니다.
그리고 11,000원 재매수, 11,000원 무너지면 손절대응…, 이렇
게 가야 합니다.

■● 차트 1-21-2 삼성중공업 주봉 차트

이후의 차트를 검증하겠습니다. 검증작업은 무척이나 중요합니다. 다음에는 실수하지 않기 위해서입니다.

■● 차트 1-21-3 삼성중공업 주봉 차트

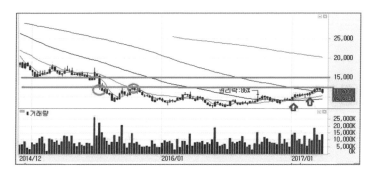

주봉을 보면 목표가는 15,000원 근방이었고 13,000원에서는 무조건 상황 봐서 언제든 매도할 준비를 해야 합니다.

차트 1-21-3에 중요한 선 2개를 그어놨는데, 위의 선은 목표가 선이고, 아래의 선은 저항선입니다. 첫 번째 동그라미는 급락의 아랫단으로 저항이 시작된 곳이고, 두 번째 동그라미는 전고점입니다.

비슷한 가격대인 12,500~13,000원선에 전고점과 저항이 형성되어 있는데 두 지점이 교차하는 장소이므로 반드시 여기를 돌파해야 15,000원을 바라볼 수 있는 조건이 형성됩니다. 그러나 주가는 1차 저항인, 그 지점을 돌파하지 못하고 밀리고 있습니다.

시세의 출발을 잡는 노하우

시대가 변하면서 시세 출발을 알리는 차트 모양도 달라지는데,
시세의 출발을 알리는 기준봉들의 출현을 익히고 이해합니다.

주식매매는 한마디로 주식을 싸게 사서 비싸게 팔아야 이득인 행위입니다. 그러려면 주식을 사모으는 행위가 반드시 기본적으로 있어야 하는데, 아주 꾸준히 조금씩 모으는 방법도 있을 것이고(대신 시간이 아주 많이 걸립니다), 한번에 왕창 모으는 방법도 있을 겁니다.

세력은 주가를 올리기 전에 일정기간 동안 일정 물량을 모으는 행위를 하게 됩니다. 그 기간이 박스라는 모양으로 나타날 수도 있고, 지지와 저항을 이용해 물량을 지능적으로 뺏어가는 경우도 있습니다.

물량의 매집이란 행위는 결국 자금의 투입을 의미합니다. 종목에 자금이 적극적으로 들어온다는 것은 장대양봉이나 앞에서 이미 언급한 기준봉으로 판단이 가능합니다.

　매집의 형태도 시대에 따라 변하게 됩니다. 1990년~2000년대 초반에는 아래와 같은 매집이 유행했습니다(이때는 투자자들이 매집이 무엇인지, 차트가 무엇인지도 잘 모르던 시절이었습니다).

■● 차트 1-22-1 예전 매집 후 상승사례 ①

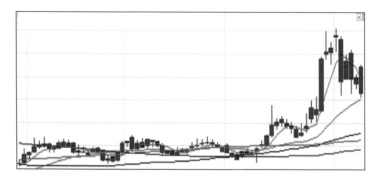

■● 차트 1-22-2 예전 매집 후 상승사례 ②

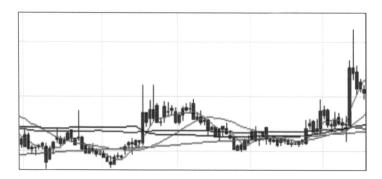

2000년대 이후 접어들면서 일반인들이 대거 주식시장에 뛰어들고 세력의 매집차트라는 것을 공부하면서 세력의 먹거리에 손을 대기 시작하자 세력들의 매집 형태도 변하게 됩니다.

■● 차트 1-22-3 예측이 어려운 매집 후 상승사례 ①

■● 차트 1-22-4 예측이 어려운 매집 후 상승사례 ②

이런 식으로 물량을 가져가는 방법이 점차 많아집니다. 이런 경우 실제로 물량을 모으는지 도저히 알 수 없는 스킬을 써가면서 주가를 올리니, 개인투자자는 예전보다 더욱더 세력의 설거지 역할만 하게 되는 경우가 많아집니다. 그래서 요즘은 기준봉의 출현을 세력의 시세출발을 알리는 지표로 삼게 됩니다.

세력들은 기존의 일정기간 물량을 모으던 패턴을 벗어나 기준봉을 세우고 그곳에서부터 주가를 흔들고 매집을 시작하는 방법을 씁니다. 그렇기 때문에 기준봉의 출현을 인지하고 세력의 평단을 추론해 같이 매수에 들어가면 됩니다.

기준봉 출현의 다양한 예

시세출발 기준봉의 조건은 다음 3가지로 정리할 수 있습니다. 첫째, 기존에 출현하지 않았던 압도적인 거래량이 출현합니다. 둘째, 기존 고점을 돌파하거나 기존 양봉보다 긴 양봉이 나옵니다. 셋째, 종가가 시가를 훼손하지 않아야 합니다.

기준봉을 잡았다고 해서 바로 시세가 나오는 건 아닙니다. 기준봉이 나오면 해야 할 것들이 있습니다. 첫째, 세력의 평단가를 계산해 추청해야 합니다. 둘째, 기준봉의 몸통 1/3 내지 1/2 가격을 추정해 매수 진입해야 합니다.

기준봉이 나오면 웬만해선 세력은 자신의 매수단가 아래로 주

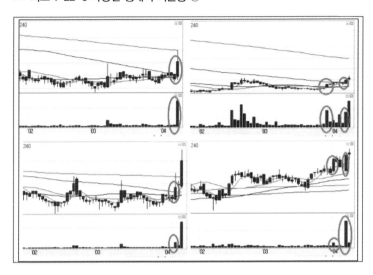

■● 차트 1-22-6 다양한 형태의 기준봉 ②

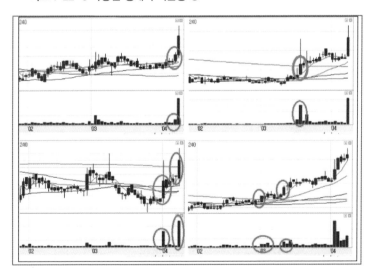

가를 보내지 않습니다. 따라서 기준봉이 출현한 다음날이나 이후 차트를 보면 최소 몸통의 1/2 이상에서 주가를 꾸준히 유지하며 물량을 계속 모아갑니다.

기준봉이 나왔다고 해서 주가가 계속 올라가는 것은 아닙니다. 단타세력이 붙은 것일 수도 있고, 짧은 수익률을 목표로 진입한 세력도 있기 때문에 고점징후(윗꼬리 음봉이나 연속된 십자봉 등)가 나타나면 같이 매도할 준비를 해야 합니다.

예전에 상하한가 15% 때와 지금 30% 때에는 세력들이 수익을 실현하고 나가는 방법도 다릅니다. 예전에 매집자리와 매집봉이 지금은 털고 나가는 속임수자리와 속임수봉이 된 경우가 많습니다. 그 이유는 이제는 상하한폭이 30%가 되어서 하루 급등시키고 털고 나가도 충분한 수익이 발생하기 때문에 세력이 굳이 자금을 많이 들여 위험부담을 안고 주가조작을 할 필요가 적어졌기 때문입니다.

따라서 예전에 유행했던 급등주 따라잡기, 신고가 따라잡기, 상따 등은 상하한가 30%인 지금에는 매우 위험한 투자법이 되었습니다. 이제 시대와 상황에 따라 투자자의 매매법도 유연하게 변해야 합니다.

시세의 출발점은 이처럼 기준봉을 세우는 것을 보고 들어가는 방법이 있고, 대형주나 우량주의 바닥에서 주가상승을 시작하는 경우에는 역배열차트의 끝자락에서 서서히 방향을 위로 잡아가는데, 실적의 호전이나 업종의 실적추이에 변화가 생길 때 점차 정배열로 바뀌어가는 초기에 진입하는 방법과, 정배열 진입 후 1차

조정 때 진입하는 방법이 있습니다.

정배열 초기에 진입하는 방법은 웬만한 실력을 갖추지 않으면 매수 진입이 어렵습니다. 그러므로 약간 높게 잡더라도 단기 이평선이 장기 이평선을 아래에서 위로 돌파한 후, 숨고르기 조정을 보일 때 진입하는 방법이 좋겠습니다.

아래 차트들을 보면서 서서히 바닥을 다지면서 장단기 이동평균선이 어떻게 변화하고, 역배열에서 정배열로 어떻게 변하고 있는지 차트와 일봉의 움직임을 눈에 익혀봅시다.

■● 차트 1-22-7 역배열에서 정배열로 변화하는 과정(KH바텍)

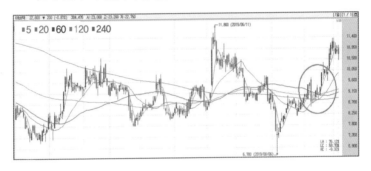

■● 차트 1-22-8 역배열에서 정배열로 변화하는 과정(티씨케이)

차트에는 정답이 없습니다. 주식시장의 2천 개가 넘는 종목에 똑같은 모습의 차트는 단 한 개도 없습니다.

역배열에서 정배열로 바뀌며 시세를 주기 시작하는 차트는 단 시간에 나오는 것이 아니고 오랜 시간 동안 몇 번의 시도 끝에 만들어지므로 절대로 성급하게 매매를 하면 안 됩니다. 확실한 시그널을 주는 지점에서 진입해야 하며, 조금 높게 매수하더라도 안전한 자리에서 매수하는 습관을 가져야 합니다.

바둑에는 '축'이라는 것이 있습니다. 한번 축으로 몰리면 아무리 발버둥쳐도 상대방의 공격에 속수무책으로 당할 수밖에 없고 결국은 패배하게 됩니다. 주식이든, 인생이든, 사랑이든, 누구나 한 번쯤은 축으로 몰릴 수 있습니다. 시간이든 돈이든, 처해진 어려운 환경이든 그 속에 파묻혀 힘을 낭비해서는 안 됩니다. 다행히 바둑판은 가로 세로 19줄씩 361개의 점이 있고, 그곳에서 새롭게 출발할 수 있는 기회가 있습니다. 새롭게 시작하려는 용기만 있다면 361개의 점은 당신에게 기꺼이 자리를 내어줄 겁니다. 오직 필요한 것은 다시는 축으로 몰리지 않을 준비를 하는 것이고, 사즉생의 마음가짐을 갖는 것입니다.

2장

멘탈관리 못 하면
주식투자 절대 하지 마라

주식투자로 돈 벌겠다고요? 꿈 깨세요!

주식투자는 욕심과 탐욕이 결국 화를 부릅니다.
잃지 않고 지키는 보수적인 마인드가 최우선입니다.

주식투자로 돈 벌겠다는, 그 꿈을 깨는 순간 희망이 생깁니다. 주식투자로 돈 좀 만져보자는 어리석은 생각을 깨버려야 그때부터 빌어먹을 시장에, 종목에 나를 자연스럽게 흡수시킬 수 있습니다.

천재과학자 뉴턴도 주식투자에 실패하면서 "천체의 움직임은 (수학으로) 계산할 수 있지만 사람들의 광기까지 계산할 수는 없다"는 말을 남겼지요. 시장의 고수라고 자칭하는 전문가들이 주식 매매보다는 주식강의에 더 열중하고 방송에 나오는 이유가 궁금하지 않나요? 주식투자로 돈 좀 만져보겠다는 생각이 과욕임을, 주식투자가 생각만큼 쉽지 않음을 간접적으로 보여줍니다.

종목 리딩은 할 수 있고, 방송으로 종목 추천은 할 수 있습니다.

하지만 직접 매매하는 것은, 리딩과 추천과는 하늘과 땅의 차이만큼이나 아주 큰 차이가 있습니다.

욕심 없이 접근해야 수익이 보인다

지나간 차트를 가지고 와서 설명하는 건 주식 3년만 하면 누구나 다 할 수 있습니다. 그래서 주식 몇 년 해보고 주식매매로 돈 벌기 어렵다는 걸 깨달은 사람들이 유료 전문가로 변신해 '가짜 계좌'를 공개하며 또 다른 피해자를 양산하는 곳이 주식시장입니다.

천재과학자 뉴튼의 말은 주식투자는 계량적 계산만으로 절대 성공 못한다는, 그리고 자신도 마인드 컨트롤에 실패했다는 변명일 수 있다고 봅니다. 그만큼 주식으로 돈 벌기가 어렵습니다.

주식으로 돈 좀 만져 보겠다는 생각, 물론 그것은 주식시장에 참여하는 가장 순수한 목적입니다. 그런데 정말 그 목적을 이루고 싶다면 그 순수한 목적을 마음속에서 지워야 가능한, 참 아이러니하며 어처구니없으며 불합리한 곳이 바로 주식시장입니다.

정말로 경제적 자유를 찾아보겠다는 것을 마음속에서 지우라는 것은 아닙니다. 그 마음은 최소한으로 유지하며 자연스럽게 시황과 시장의 흐름, 종목에 욕심 없는 마음으로 접근해야 정석매매가 가능하고 저점매수가 가능해집니다.

다 아는 이야기라고요? 그럼 당장 내일부터 실천하길 바랍니다.

초보도 잃지 말고
주식을 시작해야 합니다

시작부터 삐걱거리면 매우 어려운 길을 걷게 됩니다.
주식투자에서 초보자에 대한 배려 따윈 없습니다.

사회통념 상으로 보면 초보에게는 어떤 일을 하든 관대한 측면이 있습니다. 실수를 하면 '다음부터 조심하면 되지' '다시는 안 그러면 되지'라고 위로합니다. 하지만 주식투자는 시작부터 잃으면 상황이 아주 어려워집니다. 위로는 아무 필요 없는 곳이 바로 주식시장입니다.

다들 아는 내용이지만 한 번 더 이야기해보겠습니다. 1천만원을 가지고 주식투자를 시작한 초보투자자가 30%의 손실을 봤다고 칩시다. 그러면 700만원이 남습니다. 이걸 다시 원금까지 회복시키려면 무려 45%의 수익이 나야 합니다. 거기에다가 한번에 수익이 안 나고 여러 번 반복거래하고 수수료와 거래세까지 포함하면 50% 이상 수익이 나야 가까스로 본전을 찾을 겁니다. 이러니 '본전을 찾으려고 내가 주식을 하는 건가' 하는 개인투자자들의 한탄이 나오는 것입니다.

본전을 찾기까지 그동안 소요되는 엄청난 에너지와 시간은 별도입니다. 원금회복 보장은 더더욱 없습니다. 주식은 복리가 적용되는 아주 매력적인 시장이긴 하지만, 초보에게는 자칫 지옥으로 떨어질 수 있는 위험천만한 위험자산입니다.

시작은 반이 아니라 시작일 뿐이다

개인투자자는 처음에 주식을 너무 쉽게 접근하는 경향이 있습니다. 얼마간의 시간이 흐르고 계좌가 엉망이 되고 나서야 비로소 공부를 해야겠다고 생각해서 책을 펴보고, 인터넷을 뒤지고, 유튜브를 방황하게 됩니다.

처음 주식을 시작하는 사람이 공부하는 방법이나 정보를 분석하는 요령, 차트를 읽는 방법을 알 수는 없겠지요, 그래서 당연히 처음 의존하는 건 주식 카페에 가입해보거나 인터넷 기사나 유튜브 방송을 참고하거나 지인의 추천으로 주식이란 것에 접근하게 됩니다.

이론은 이론이고, 실전은 또 완전히 다른 영역입니다. 목표가는 이론상의 목표주가일 뿐, 시장에서 인정하지 않으면 오히려 하락하는 상황도 자주 발생하게 됩니다. 뉴스나 정보를 이용해 고가의 주식을 개인투자자에게 넘겨버리는 일도 흔하게 발생하다보니 주식공부 좀 해봤다는 투자자는 개인투자자에게 던져지는 정보는 신뢰도가 떨어지고 자칫 독이 될 수도 있다는 것을 잘 압니다.

시작이 반이라고요? 주식시장에서는 틀린 말입니다. 시작은 시작일 뿐입니다. 주식투자는 우리가 지금까지 공부해온 모든 도덕, 경제이론, 이념, 이성, 상식의 경계를 깡그리 무용지물로 만들어버리는, 또 다른 세상의 생명체입니다.

시작은 그저 시작일 뿐입니다. 몇 개월, 몇 년 해보고 입부터 여는 사람들을 보면 그 사람들은 시작부터가 잘못됐다는 걸 독자들에게 꼭 말해주고 싶습니다. 당신은 주식투자를 시작할 준비가 되었습니까?

초보 때는 제가 주식 천재인 줄 알았습니다

시장을 대하는 자세는 항상 겸손해야 합니다.
작은 수익으로 자만하면 필패의 길로 들어서게 됩니다.

전 2001년에 처음 주식투자를 시작했습니다. 당시에 장난 아니었습니다. 눈으로 찍은 종목들이 마구 급등해서 달리고, 5개 찍으면 3개는 상한가가 터졌지요. 그래서 저는 제가 주식 천재라고 생각했습니다. 그런데 20년이 지난 지금은 두려움에 가득 찬 평범한 개미가 되었습니다.

원숭이와 수학자가 주식투자를 했는데 원숭이가 이겼다는 뉴스가 있었습니다. 시사하는 바가 있기는 하지만 그 의미에 동의하지는 않습니다. 주식투자는 한번에, 짧은 기간에 성과를 논할 수 있는 게 아니기 때문입니다. 아주 짧은 기간에 성과를 내려면 주식을 사기보다는 로또를 구매하기를 권해드립니다.

자만심이야말로 주식투자의 가장 큰 적

주식투자를 하기 전 신문지상이든 포털에서 "주식시장이 많이 올랐다"는 이야기를 듣습니다. 주식투자를 종용하는 전문가들이나 신문기사를 보면 당장이라도 주식투자를 안 하면 내가 뒤처질 것 같은 느낌이 들어 주식에 관심을 가지기 시작하고, 내가 찍은 회사의 주가가 아주 잘 올라가는 경우를 경험하게 됩니다. 가상의 투자이긴 하지만 해볼 만하다고 생각하게 됩니다.

그래서 드디어 주식투자를 합니다. 남들은 잃었다고 난리고, 주식투자를 하지 말라고 뜯어말려도 주식계좌를 개설하고 본격적으로 주식투자를 시작합니다. 왜냐하면 내가 마음속으로 찍었던 회사의 주가가 마구 치솟은 경험을 했기 때문입니다.

그러나 가상의 투자에는 주식 거래 시 필연적으로 따라붙는 '멘탈관리'라는 요소가 누락되어 있습니다. 그냥 보는 건 아주 마음이 편합니다. 마음으로 찍은 주식이 상승을 하든 폭락을 하든 그냥 버티면 큰 수익이 나고, 손실 났던 주식이 다시 오르기 시작합니다. 너무 쉽습니다. 그러나 막상 피 같은 내 돈이 투입되면 그 순간부터 상황이 완전히 바뀝니다. 모든 순간순간이 불안해집니다. 투자한 주식이 조금만 안 움직여도 지루하고, 작은 하락에도 가슴이 마구 뛰며 불안해집니다.

그리고 주식투자를 몇 달만 하면 남의 말은 들으려 하지도 않고, 1년만 지나면 주식투자의 반고수가 됩니다. 주식투자의 가장 큰 적은 자만심입니다. 자신은 그간 쌓아온 실력이라고 하겠지만, 우연한 수익에 쉽게 자만에 빠져 상대방을 얕보거나 어줍잖은 실력으로 타인을 가르치려고 하는 사람들이 많습니다. 선무당이 사람 잡는다고, 그런 사람은 여러 사람을 불행하게 만듭니다.

수익에는 차분하게 대응하고, 손실에는 무엇이 잘못됐는지에 대한 복기를 하면서 마음을 다스리는 투자 자세가 필요합니다. "저 주식 잘 몰라요"라고 대답하는 사람이 가장 현명한 사람입니다. 이 글을 읽고 있는 여러분들도 "저 주식 잘 몰라요"라는 말을 할 수 있는 여유와 멘탈을 꼭 소유하길 바랍니다.

주식투자에 임하는 마음가짐

수익이 적어도 만족한다는 초심을 유지해야 합니다.
욕심이 화를 부를 수 있으므로 초심 유지는 필수입니다.

처음 주식 카페를 만들고 나서 회원들을 대상으로 '당신의 1년 목표수익률은 얼마인가요?'라는 물음으로 설문을 한 적이 있습니다. 대부분 10~30% 사이로 답변했던 것 같습니다.

은행금리가 2%라고 가정하면 기대수익률 10~30%는 상당히 높은 수익률이긴 하지만, 이 정도 수익률은 주식투자하는 사람들이라면 기본으로 생각할 겁니다. 돈 좀 많은 사람들은 은행 금리보다 높으면 된다면서 7~8%에 만족하더군요.

1년 목표수익률 20%면, 상한가 한방짜리도 적은 수익률입니다. 1년을 대략 230일로 잡고, 228일 잃지 않고 버티면서 상한가 한 번만 먹으면 바로 넘겨버리는 수익률입니다. 그런데 개인투자자들은 오늘도 빨간불을 쫓아다니고, 많이 상승한 종목에 몇 % 먹어보겠다고 들이대고, 급등주 단타로 들이댑니다. 주식투자를 시작할 때의 초심은 어디로 갔는지 간이 배 밖으로 나옵니다. 운이 좋아서 얼마 수익은 날 수도 있지만 주식을 계속 할 거라면 절대로 이런 매매는 하면 안 됩니다.

단타매매로 주식을 꾸준히 잘하긴 힘들다

얼마전 TV프로그램에서 식당을 운영하는 분이 나왔는데, 주식으로 많이 잃었던 것 같습니다. MC가 "주식투자 또 하실 건가요?" 하고 묻자 그분이 "데이는 안 되겠더라구요" 하고 말하던 기억이 납니다.

투자도 습관입니다. 짧은 시간에 수익을 극대화하기 위해 자꾸 단타매매를 하게 되면 손실이 커지면서, 이제는 손실 복구를 위해 계속 단타매매를 하게 됩니다. 우량주를 사서 용돈이라도 벌어보겠다던 초심은 어디로 갔는지, 스트레스 잔뜩 받은 데이트레이더만 남습니다.

단타매매도 목적이 단타매매가 되어서는 안 됩니다. 우량주, 성장주를 매수해서 가져가다가 우연히 짧은 시간에 큰 수익이 나는 경우, 그것이 가장 이상적인 단기매매가 되는 것입니다.

"모든 종목에는 주인이 있다"는 말을 하던데, 그를 세력으로 칭

하겠습니다. 세력은 쌀 때 매수했기 때문에 수익을 많이 내서 이 제 팔 생각을 하는데, 조금 수익을 내보겠다고 개인투자자가 무리 하게 절대로 들어가면 안 됩니다.

이상하게도 개인투자자는 저가 급등주에 불나방처럼 달려드는 습성이 있습니다. 점심값 벌고, 용돈 조금 벌자고 무리하게 진입 하다가 아이 한 달 학원비를 단숨에 날릴 수 있습니다.

세력은 한 종목의 시세를 만들기 위해서 수십억, 수백억을 투 자해서 몇 개월간 공을 들이고 1년에서 길게는 몇 년 정도를 컨트 롤합니다. 우리는 그에 비하면 많은 자본과 시간을 투자하지 않고 수익을 얻으려고 하는 거라고 보면 됩니다.

세력과 대응하려면 최대한 안전한 자리에서 진입해야 하고, 분 할매수의 원칙을 반드시 지켜야 합니다. 당장 내 종목이 안 움직 인다고 해서 너무 조급해 하면 안 됩니다.

다른 사람들은 매일 깨지기 바쁩니다. 우리 귀에는 항상 번다는 소리만 들리기 때문에 다른 사람들 깨지는 사실을 잊고 자꾸 조급 해집니다.

좀 벌었다고 매매일지 올리는 사람들은 절대 계속 안 올립니다. 아니, 못 올립니다. 왜냐고요? 그 반대 상황이 되었다고 보면 됩니 다. 우리 귀에 단타매매로 잘 번다고 말하는 사람들이 결국 조용 해지는 모습을 보게 되는 게 바로 주식시장입니다.

매매 타이밍을 잡기 힘든 당신을 위한 조언

개인투자자의 예상을 항상 빗나가는 주가의 움직임!
주식투자는 매수든 매도든 자신과의 싸움의 연속입니다.

주식이란 놈은 어디로 튈지 잘 모르는 성격을 가지고 있고, 숫자로 단순히 계산되지 않는, 어쩌면 비이성적 행동을 보이는 악동 같은 놈입니다. 귀여운 악동이 아니라 신경 참 많이 쓰이게 하는 골칫덩어리입니다. 이 주식이란 놈은 항상 우리의 예측 밖에서 행동합니다. 아무리 예상을 하고 대응을 해도 항상 예측이 빗나갑니다. 그래서 실패를 거듭합니다.

나름 매매가 잘되는 분은 이 글을 안 읽어도 됩니다. 하지만 매매가 잘 안 되는 분은 막 팔고 싶을 때 또는 막 사고 싶을 때 3일만 참아보길 권합니다. 주식이란 놈에도 가속도의 법칙이 적용되어서 우리가 생각한 것보다 더 많이 올라가고 더 많이 떨어집니다.

매매를 할 때는 일단 나를 의심해보라

우리가 주식투자를 하면서 가장 큰 오류를 범하게 되는 것이 심리적인 면입니다. 주식을 매수하게 되면 실체도 없는 급등에 대한 환상을 가지게 되며, 매수할 때뿐만 아니라 매도를 하면서까지도 불안한, 일종의 두려움을 가지고 매도를 합니다. 주식은 내가 예상할 수 있는 범위 밖에서 항상 움직인다는 것을 인정하고 조금 더 경계감을 가진 채 접근하고 후퇴해야 합니다.

주식시장에는 2천 개가 넘는 종목이 있고, 똑같은 모양을 가진 차트는 한 개도 없습니다. 그럼 2천 개 종목을 분석하려면 2천 개의 다른 분석이 필요할까요?

주식에도 기본은 있습니다. 잘 정리된 기본이 있다면 2천 개 중에서 적어도 1천 개, 아니 1,500개는 투자대상에서 바로 걸러낼 수 있습니다. 시황을 참고하고 차트를 보는 눈이 있다면 그 중에서 또 절반 이상이 걸러지고, 이어 종목별 자세한 분석까지 들어간다면 자신이 투자할 만한 종목이 수십 개 내외로 정리됩니다.

세상에 알려진 투자기법, 예를 들면 20일선 접근법, 급등주 공략법, 급락주 공략법, 이동평균선 매매법, 테마주 투자법, 계절주 투자법 등등의 투자법들은 더 이상 각광받지 못하는 시대가 되었습니다. 그런 이론들은 이제 시장에서 먹혀들지 않습니다. 이제는 이론과 심리를 복합적으로 차트에 적용해야 그나마 어느 정도 세력의 장난질에 적응할 수 있을 만큼, 어쩌면 이제는 차트심리학이란 분야가 따로 있어야 하는 게 아닌가 싶은 시대입니다.

세력은 차트로 속이고 심리를 교란시키며 주식의 각종 이론을 깨버리는 움직임을 보입니다. 거래소에서 점점 고도화된 감시시스템을 돌려 불공정매매를 감시하니 세력은 예전의 방법을 버리고, 감시를 피해 새로운 방법으로 시장을 교란합니다.

주식시장에서 개인투자자가 수익을 내기 더욱 어려운 상황이 돼가고 있습니다. 따라서 개인투자자는 이전보다 더욱 차분해질 필요가 있습니다. 조급하고 성급한 투자는 자신의 매매 전략 전체를 망가뜨릴 뿐 아니라 오히려 주식에 대한 두려움이 마음속에 생겨 더욱 투자를 위축되게 만듭니다.

자신이 방금 전에 산 가격이 바닥일 것 같지만, 이는 천만의 말씀입니다. 그건 단지 자신의 희망사항일 뿐입니다. 주식매매를 할 때는 일단 자신 스스로를 의심하면서 한 번 더 체크하고, 내가 매매하려는 가격이 실수일 수 있음을 인정하고, 그에 대한 대비책으로 분할매수와 분할매도를 해야 합니다.

현명한 투자자는
시장과 맞서지 않습니다

시장은 항상 옳다고 순순히 받아들여야 합니다.
내 생각이 틀린 것이며, 내 투자법이 틀린 겁니다.

"낙관론자에게 주식을 팔고 비관론자에게 주식을 사는 것이다"
라고 워런 버핏이 말했습니다. 아무리 저평가된 종목을 골라서 장
기투자를 해도 수익이 발생하지 않은 이유를 대라면, "시장은 생각
하는 것만큼 합리적이지 않다"라는 워런 버핏의 말이 생각납니다.

"낙관론자에게 주식을 팔고 비관론자에게 주식을 사는 것이
다." 사실 워런 버핏의 이 말 또한 현명한 투자의 본질은 아닙니다.

"가치투자는 1달러를 40센트만 주고 사는 것보다 훨씬 쉽다"는
워런 버핏의 말은 투자자의 직관과 관련된 이야기입니다. 여기에
는 시간도 자신의 포트폴리오의 일부라고 생각하는 현명함이 필
요합니다.

시장에 맞서려고 하지 마라

시장흐름에도 시대적 배경이 중요합니다. 기본적 분석에 바탕을 둔 가치주가 한때 시장을 풍미했던 시기가 있었는가 하면, 지금은 기본적 분석에 성장성을 가미한 성장가치주들이 가치주분석의 한계를 무의미하게 만들면서 시대를 주도하고 있습니다. 주식투자는 저평가 우량주를 장기투자하는 것이 기본가치이고 정석이지만, 시대의 흐름에 맞게 자신의 투자 포트폴리오를 재구성하는 현명함도 필요합니다.

개인투자자에게는 활황장도 어렵고 조정장도 어렵습니다. 1년 365일 언제나 어렵습니다. 활황장에는 수익을 못 내서 어렵고, 조정장에는 손실 때문에 힘듭니다. 시장이 조정을 보일 때는 비중을 줄여 리스크를 최소화해야 하고, 무모한 베팅을 삼가야 합니다.

시장에 맞서려고 하면 안 됩니다. 적응하기 힘들고 순응하기 힘들어도 맞서려고 하는 순간 더 큰 어려움에 빠집니다.

잡주가 판을 치고, 얼토당토않은 재료로 급등하고, 테마주가 발광을 떨어도 주식투자자는 의연해져야 합니다. 나는 우량주를 들고 버티고 있다면, 잡주가 더 잘 가더라도 의연해져야 합니다. 급등주 맛을 본 사람은 곧 급락주 맛도 보게 됩니다.

"주식투자는 엉덩이로 한다"는 말이 있습니다. 시대에 걸맞은 성장가치주를 선택해서 매수했다면 이제부터는 시간 투자를 해야 합니다. 충분한 시간이 흘렀음에도 시장이 내 매수종목을 인정하지 않아 못 오르거나 오히려 내려간다면 그땐 종목을 바꿔야 합니다. 즉 나의 선택이 틀렸음을 인정하고 나의 포트폴리오를 수정하는 순발력도 발휘해야 합니다.

주식시장에도 정도(正道)는 있습니다. 정도(正道)에 투자자의 지혜를 약간 가미한다면 최상의 투자 시나리오가 완성될 것입니다.

멘탈을 키워야
먹잇감이 되지 않습니다

주식투자는 끊임없는 자신과의 싸움입니다.
성공 투자자가 되려면 승자의 마인드를 가져야 합니다.

우리나라 주식시장은 악마가 깔아놓은 투전판입니다. 이 투전판에서 기관과 외국인은 공매도로 개인투자자를 유린하고, 개인투자자에게 정보를 주면서 그 정보를 이용해 개인투자자 주머니를 터는 게 우리나라 주식시장의 엄연한 상황입니다.

국민 돈으로 운영되는 국민연금은 공매도 세력에게 주식을 빌려주고, 주식을 빌려간 공매도세력(외국인과 기관)은 공매도로 개인투자자 뒤통수를 치는 게 우리나라 주식시장입니다. 개인투자자는 투전판에 들어오는 순간 그렇게 기관의, 외국인의, 세력의 먹잇감이 되는 겁니다.

그렇게 당하지 않으려면 항상 기관의 입장에서, 외국인의 입장에서, 세력의 입장에서 생각하고 판단하는 습관을 가져야 하고, 주식시장에는 개인투자자의 편이 아무도 없다는 것을 확실히 깨달아야 합니다. 하물며 정부도 절대 개인투자자의 편이 아님을 알아야 합니다.

메이저의 먹잇감이 되지 않아야 한다

개인투자자는 주식시장에서 절대적 약자입니다. 기관끼리 서로 정보를 주고받고, 외국인투자자끼리도 서로 정보를 주고받으며, 절대적 약자인 개인투자자의 약점을 교묘히 파고들어 계좌를 엉망으로 만들어버립니다.

상황판단을 잘 해야 합니다. 주식시장에 뛰어 들었으면 누가 내 편이고 누가 적인지부터 잘 판단해야 합니다.

이 시장에서 누가 돈을 벌고 누가 돈을 잃고 있는지, 그 돈을 버는 집단은 어떤 방법으로 돈을 버는지를 파악해야 합니다. 공매도로 돈을 벌면 공매도를 피해야 하고, 급등주로 고가에 개인들에게 주식을 넘기면 급등주를 피해야 하며, 유상증자로 기업가치를 훼손하는 기업이 있으면 그런 회사를 멀리해야 합니다.

저도 여러분도 개인투자자이지만, 개인투자자들의 나쁜 매매습관과 잘못된 투자판단의 연결고리를 과감히 끊어버리고, 승자의 매매습관과 투자판단 노하우를 익혀야 합니다. 5%의 성공 투자자가 되기 위해선 95% 먹잇감의 행동과 사고방식을 답습해선 절대로 안 됩니다. 실패한 투자는 미래의 자산이 될 수도 있다고 하지만 큰 실패는 자칫 돌이킬 수 없는 지경에 이를 수도 있게 됩니다.

투전판에 들어왔으면 포커페이스를 하고 상대방의 패를 읽는 법을 배워야 합니다. 대충 해서는 이룰 수 있는 것이 이 세상에는 아무것도 없습니다. 주식시장에서는 더욱 그러합니다.

주식초보자가 기본기를 갖춰야 하는 이유

무엇이든 처음부터 기본기를 잘 배워야 합니다.
잘못된 투자습관으론 시장이 좋아도 돈을 못 법니다.

2020년 9월말 현재, 종합지수가 2400입니다. 여러분이 100만 원의 자본을 가지고 주식을 시작한다고 합시다. 그런데 종합지수가 2년 후 4000에 갔다고 합시다. 그럼, 지금 주식투자를 하는 분들이 2년 후에 대부분 수익이 날까요?

결코 아닙니다. 지금 투자하는 대부분의 개인투자자들은 아마도 손실 또는 깡통상태일 겁니다. 왜냐하면 개인투자자들은 너무 단기투자에만 목을 매고 있으며, 단기 손실에 너무 민감하게 반응하기 때문입니다.

예전에 종합지수가 300일 때도 있었고, 500일 때도 있었습니다. 그때 주식했던 개인투자자는 종합지수가 2400인 지금, 대부분 주식시장에서 형장의 이슬(?)로 사라졌습니다. 그놈의 단타 습관과 기업의 투명하지 않은 재무상태 때문입니다.

대박은 단타 쳐서 만들어지지 않는다

물론 코스닥 버블 때 대박 나서 신문에 나고 떵떵거리고 잘사는 사람도 있습니다. 하지만 그런 사람은 극히 일부라는 걸 아셔야 합니다.

대박은 하루나 이틀 만에 단타 쳐서 만들어지지 않습니다. 자금의 대부분은 실적이 턴어라운드되거나 실적이 날로 좋아지는 바닥 종목에 박아둬야 합니다.

주식이 오르기 시작하면 복리의 마술을 부려서 엄청난 속도로 불어납니다. 물론 종목 선정이라는 최고의 노하우가 필요하지만, 혼자 자신이 없으면 종목 전문가들에게 거침없이 조언을 구하면 됩니다.

"주식시장은 개인투자자의 피눈물을 먹고 자란다"는 말이 있습니다. 그 피해자가 여러분이 되지 않길 바라는 마음입니다.

실적이 날로 좋아지는 바닥권 종목에 박아둬야 한다는 말에도 모순이 있습니다. 실적이 좋은 종목에 자금을 박아두라는 말이 매우 기본적이고 좋은 소리로 들릴 줄 모르겠으나, 이 책을 보고 있는 대부분의 개인투자자는 시간의 여유도, 자금의 여유도 없다는 것을 알기에 좋은 소리만 하긴 힘듭니다.

주식투자의 기본은 실적이 좋은 저평가 종목이나 향후 좋은 실적이 예상되는 회사를 골라 투자하는 것이지만, 그 회사들의 주가가 움직여야만 투자수익이 발생하기에, 무작정 사서 기다리는 투자는 개인투자자에게 적합하지 않을 수 있음을 알아야 합니다.

하지만 기본은 반드시 알아야 합니다. 잘 다져진 기본기 위에서 단기매매건 스윙매매건 승률이 높아질 수 있으며, 실패 확률을 현저히 줄일 수 있습니다.

주식초보자가 매수 전 필독해야 할 2가지

단 한 번의 승부에 당신의 인생이 바뀔 수도 있습니다.
무작정 매수하지 말고 한 번의 승부에 총력을 기울이세요.

급한 마음에 무작정 매수하면 안 됩니다. 주식초보자가 종목을 매수하기 전에 꼭 알아야 할 2가지만 간단히 말씀드리겠습니다.

첫째, 종목을 선택하기 전에 반드시 한 번 더 재무제표를 확인하고, 내가 매수하려는 종목의 오늘 차트를 상상해봐야 합니다.

내가 A 종목을 매수하려고 한다면 먼저 3분 안에 재무제표를 재빠르게 스캐닝합니다. 그리고 어제까지의 차트를 보면서 오늘 예상되는 차트모양을 상상해봅니다. 상상력을 발휘하세요. 그리고 장마감하고 나서 내가 상상했던 차트가 나왔는지 복기해야 합니다. 매일 반복되는 작업입니다. 이렇게 해서 확률이 자꾸 높아지면 자신도 모르게 계좌가 불어납니다.

둘째, 단타에 대해 한번 생각해봅시다.

오늘 단타를 5번 했는데 3번 성공하고 2번 실패했다면 성공일까요, 실패일까요?

무조건 실패입니다. 단타를 치게 되면 일단 심리적으로 지고 들어가는 겁니다. 수익이 1~2% 나면 조마조마해서 나오게 되고, 손실이 발생하게 되면 '설마' 하는 마음에 기다리며 손절을 못하게 됩니다. 먹을 땐 1~2%, 손실은 3~4%, 이런 식으로 반복되며 계좌가 녹아나는 겁니다. 거기에 수수료와 세금까지 감안하면 손실은 더욱 커집니다.

단타를 하지 말라는 게 아닙니다. 주식초보자들은 단타를 하면 안 된다는 겁니다.

한 번의 승부를 너무 쉽게 던지지 말자

프로야구에서 1등의 승률은 6할이고, 꼴찌의 승률은 4할입니다. 주식도 고수의 승률은 6할 정도밖에 안 나옵니다. 그 2할이 엄청난 차이를 만드는 겁니다. 당신은 어떤가요? 한 번의 승부를 너무 쉽게 던지지 않나요?

사실 주식매매에서 성공하려면 7할 이상의 승률이 되어야 합니다. 장투를 전문으로 하는, 자금의 여유가 있는 투자자라면 해당되지 않은 이야기일 수도 있겠지만, 90% 이상의 개인투자자는 손실을 보고 있으며, 자의적이든, 원금 복구를 위해 어쩔 수 없는 상황이든, 단기매매를 많이 하게 되므로 한 번의 매매에도 총력을 기울여야 합니다.

한 번의 매매 실패에 큰 손실이 발생하면 빠르게 손실을 복구하기 위해 성급한 매매를 해서 손실이 늘어나고, 자포자기의 심정으로 잦은 매매를 하게 되고, 결국 연속적인 실패에 좌절하게 되는 개인투자자의 매매 습성은 매우 잘못된 겁니다. 실패한 매매 후에 마음을 가다듬고, 다음 매매를 위한 철저한 준비를 해야 하고, 같은 실수를 반복하지 않기 위해 총력전을 펼쳐야 합니다.

한 번의 매매 실패가 계속 거듭되면 그것이 누적되어 당신의 인생을 망칠 수도 있습니다. 반면에 총력을 다한 한 번의 매매 성공이 쌓여 여러분의 꿈을 이뤄줄 수도 있습니다. 단 한 번의 매매라도 쉽게 던지지 말고 총력전을 펼치십시오.

거래량이 증가하는
양봉 종목을 노리라고요?

급등주 추격매수는 계좌를 한순간에 엉망으로 만듭니다.
급등주의 꾐에 넘어가지 않는 마인드를 가져야 합니다.

2015년에 상하한가 폭이 30%로 변경된 후 겁 없는 개미들이 더 많아졌습니다. 상하한가 폭이 15%에서 30%로 확대된 후 급등주의 움직임 중 가장 크게 바뀐 점이 시세의 연속성입니다. 15%였을 때는 이틀이나 사흘을 연속적으로 상한가를 가는 종목이 많았습니다. 그러나 지금은 연속성이 확실히 떨어졌습니다.

왜일까요? 그 이유는 세력이 시세의 연속성을 가져갈 필요가 없을 만큼 상하한가 폭이 넓어졌기 때문입니다. 즉 하루에 30% 혹은 20% 이상의 수익을 내고 정리를 해도 될 만큼 시장 감시가 안 되고 있고, 하루 거래만으로도 세력이 충분한 이익을 낼 수 있는 환경이 된 겁니다.

그만큼 주식시장은 개인투자자에게는 더욱 리스크가 확대된 상황이라고 할 수 있습니다. 엄청난 경계가 필요한 이유입니다.

급등하는 종목에 들어가면 위험하다

주식투자를 하다보면 거래량이 늘어나는 양봉종목을 보면서 단타치는 사람들이 많습니다. 단타매매의 기본으로 틀린 말은 아니지만, 무리한 추격매매는 치명타를 입을 수 있습니다.

특히 다음 차트들과 같은 저가 종목은 단타매매 시 각별히 유의해야 합니다. 이런 종목에 잘못 꼬이면 계속 엇박자를 타게 되고 계좌는 한순간에 엉망이 됩니다.

모든 불행의 시작은 욕심입니다. 내 종목은 안 움직이고 다른 종목은 잘 가는 것 같지만 그것도 욕심에서 나오는 불안감일 뿐입니다. 내 보유 종목만 안 가는 것 같은 상대적 박탈감으로 인해 빨간불에 급등하는 종목을 순간 매수하게 되는데, 그 순간 더 큰 어려움에 빠져들게 되는 겁니다.

빨간불을 보면 상한가까지 갈 것 같고 더 급등할 것 같지만, 급등하는 종목에 들어가면 급락에 대한 두려움 때문에 심리적으로 흔들리게 되면서 제대로 된 매매를 못합니다. 급등주를 관찰하는 것은 마음 편하게 할 수 있지만, 그 급등주에 내 피 같은 자금을 투자하게 되는 순간, 가격의 요동과 함께 심리적 불안감과 공포감

■● 차트 2-1-1 정다운(고가 29.8%)

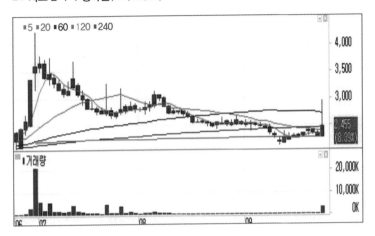

■● 차트 2-1-2 경남제약(고가 27.8%)

■● 차트 2-1-3 에스에이티(고가 26.9%)

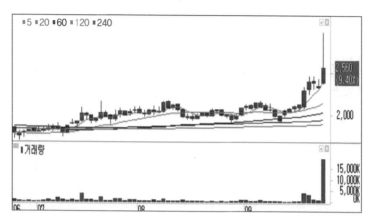

■● 차트 2-1-4 하나마이크론(고가 14.3%)

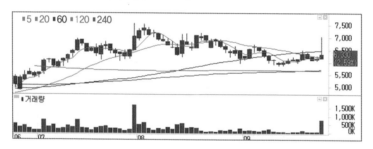

에 안정된 투자를 할 수 없게 됩니다.

급등주매매는 조금 먹고 왕창 깨지기를 반복하게 되는 아주 잘못된 매매습관입니다. 설령 조금 이익이 발생했다고 해도 곧 그 이상 손실로 이어지는 것을 수 없이 경험했고 봐왔습니다.

한 가지 팁을 드리면, 급등주매매의 기본은 장중에 들어가는 것이 아니고 거래량과 차트의 모양을 고려해서 종가에 들어가는 겁니다. 거래량이 증가하고 윗꼬리가 발생했다고 해서 나쁜 것이 아니라, 급등할 때 따라 들어가는 습관이 나쁜 겁니다.

만일 지켜보던 종목이 급등해서 상한가를 들어가면 그냥 내버려두기 바랍니다. 주식시장에는 그 종목 말고도 좋은 종목이 수없이 많습니다.

여러분들에게 보여지는 인터넷과 유튜브에서의 각종 단타매매 일지는 그들이 수익이 있을 때만 올리는 것입니다. 엄청난 손실의 매매일지는 꽁꽁 숨겨져 피눈물을 흘리고 있으니 절대 부러워하지 않아도 됩니다.

우량주 저점매수와 재료에 집중하면서 부실주를 멀리하는 매매를 습관화해야 합니다. 그러면 어느덧 자신도 모르게 안정된 매매를 하고 있음을 발견하게 됩니다.

부동산 전문가와
증권 전문가의 공통점

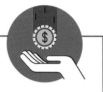

주식시장에 당신 편은 단언컨대 단 한 명도 없습니다.
항상 경계하고, 스스로 일어서는 법을 터득해야 합니다.

이 세상의 수많은 부동산 전문가와 증권 전문가는 절대로 시장 하락을 외치지 않습니다. 부동산시장의 침체가 3년 정도 지속되고 있을 때도, 증권시장이 조정에 들어가 많은 투자자들이 우울증에 빠져 있을 때도 그들은 절대로 하락이나 조정에 대한 의견을 내놓지 않았습니다.

당연히 그럴 것이, 만일 주식시장의 상승이 이제 마무리됐고 앞으로 3년간은 혹독한 조정 장세가 펼쳐질 것이라고 증권 전문가가 말한다면 누가 펀드에 돈을 넣을 것이며, 누가 주식시장에 뛰어들겠습니까? 부동산도 마찬가지입니다. 부동산 전문가라는 사람들이 "아파트시장은 끝났다" "부동산시장은 앞으로 10년간은 불황이 이어질 것이다"라고 외친다면 누가 환금성이 떨어지는 부동산에 투자를 하겠습니까?

결국 그들은 자신들 밥그릇을 챙기기 위해 진실되지 않은 분석 글이나 시황을 매일같이 내놓습니다. 개인투자자들의 이익이나 피해는 그들의 고려대상이 아닙니다.

첫째도 경계, 둘째도 경계

주식시장에 대한 전문가들의 시황을 너무 믿지 말아야 합니다. 그들과 여러분은 기본적 인식 자체가 다릅니다. 여러분은 그들에게 내 소중한 돈을 맡겨 수익을 내고, 무엇인가 투자법을 배워보고, 지식을 얻어보려고 하겠지만, 그들에게 여러분은 그냥 먹잇감일 뿐입니다.

그들은 오늘은 당신의 팔을 뜯어먹고 내일은 다리를 뜯어먹습니다. 그래서 그들이 내놓는 분석 또한 물고기를 잡기 위한 커다란 그물의 일부입니다.

오늘 아침 특정 회사에 대해 좋은 분석 글을 올리고, 막상 장이 시작하면 개인투자자들에게 그 주식을 팔아먹는 게 바로 그들입니다. 여러분이 맡긴 자금을 굴리면서, 공매도로 여러분의 뒤통수를 칩니다.

전문가들이 개인에게 보여주는 계약서는 점점 글자가 작아지고 어렵고 복잡해집니다. 그래야 대강 도장 찍고 그 자리를 떠나는 게 개인이거든요.

스스로 공부하고 분석하는 방법 외에는 없습니다. 스스로 경험과 학습으로 쌓은 실력은 시간이 지나도 소멸되지 않습니다. 주식 투자에선 첫째도 경계, 둘째도 경계입니다.

비중축소를 할까요, 손절을 할까요?

비중축소에 실패하면 손절을 감행해야 할 경우가 생깁니다.
손절을 하지 않으려면 시황을 읽는 힘을 길러야 합니다.

특정 주식을 매수하는 이유는 그 종목에 희망이란 것을 걸기 때문입니다. 일단 매수를 하게 되면 그 종목의 미래 시나리오가 머릿속에 그려지면서 자신도 모르게 종목과의 결속력이 생기고, 반드시 잘 될 것이라는 일종의 이유 없는 환상에 빠지게 됩니다.

그 종목이 상승하든 하락하든 '더 오르겠지' '곧 오르겠지'라는 굳은 자신감이 생겨납니다. 그러면서 또 한 번 머릿속에 자신만의 핑크빛 차트를 그려 나갑니다.

단언컨대, 주식을 잘 하려면 그 이유 없는 자신감과 환상을 깨버려야 합니다. 한발짝 물러나서 조금 더 객관적으로 시나리오를 점검하고, 머릿속에 그려진 상상의 차트를 과감히 깨버려야 합니다. 그래야만 익절과 손절이 좀더 자유로워집니다.

개인투자자들이 손절을 잘 하지 않는 이유는 '손절은 곧 패배'라고 생각하기 때문입니다. 주식투자자는 패배를 인정하기 싫어하는 근성 또한 아주 강합니다. 앞에서 말한 '이유 없는 환상'에 너무 집착하기 때문입니다.

분명한 사유가 있는 손절은 칼같이 하자

당신은 비중축소를 하겠습니까, 손절을 하겠습니까? 둘 다 주식을 매도하는 행위임에는 같지만, 특히 약세장에서는 엄청난 수익률 차이를 가져옵니다.

비중축소를 잘하려면 시장 전체를 읽는 능력을 키워야 합니다. 이게 단기 조정인지, 하락의 시작인지를 판단할 수 있는 실력을 갖춰야 합니다. 조정에 겁먹어 매도하거나, 하락 추세인데도 무작정 버티면 그 결과는 보나마나 뻔합니다.

물론 시장을 읽는 능력은 하루아침에 완성되지 않습니다. 시장을 움직이는 변수는 너무도 많아서 어쩌면 개인의 능력 밖의 일일 수도 있습니다.

비중축소는 투자전략이고, 손절은 손실 확정 행위입니다. 하락장이나 조정장에서 비중축소 전략에 실패하면, 손절을 해야 하는 상황이 발생할 수 있습니다. 손절은 패배를 확정짓는 행위이기도

하지만, 기회손실을 막을 수 있는 매우 중요한 행위이기도 합니다.

대신 손절에는 명확한 이유가 있어야 합니다. 이 종목을 매도하고 다른 종목을 매수하는 사유에 대한 개인적 판단에는 분명 합당한 사유가 있어야 '단순한 단타질'이라는 어리석은 투자행위에서 자유로워질 수 있습니다.

분명한 사유가 있는 손절은 보다 좋은 종목의 선정을 위한 밑거름이 될 것입니다. 손절은 절대로 막연한 감(感)이 아닙니다.

시황을 읽는다면
급락에 겁먹지 않습니다

시황을 공부하고 이해하면 주식투자에 자신감이 붙습니다.
시황을 모르면 불안감으로 인해 투자 자신감이 떨어집니다.

시장의 진짜 진성 급락은 예기치 않았던 급작스런 악재에 나오는 것이지, 이미 알려진 악재에는 크게 반응하지 않습니다. 잠시 반응을 하더라도 얼마 후에는 다시 정상궤도에 올라섭니다.

9·11사태, 서브프라임 모기지사태 등 시장이 전혀 예상치 못했던 급작스런 악재에 시장은 대응을 하지 못하고 공포에 휩싸였습니다. 유가 하락, 중국증시 급락, 미국 금리인상 등 이미 알려진 악재로 조정은 있을 수 있겠지만, 시장이 공포에 쌓이는 급락은 없으며 시장은 언제 그랬냐는 듯 다시 상승세를 이어갑니다.

2015년 중국지수의 급락과 미국동반 급락, 서해에서 북한군의 도발까지 겹치면서 시장에 일시적 패닉현상이 일어났습니다. 많은 투자자들이 주가 폭락에 대한 두려움과 시장변동성의 급등 속에서 갈팡질팡 길을 헤매던 그때를 돌아보겠습니다.

　시장 전체를 보는 눈을 길러야 합니다. 시황을 파악하는 힘은 주식투자의 가장 중요한 포인트입니다.

시황과 정방향으로 같이 가야 한다

차트 2-2-1은 2015년 미국 다우지수 일봉 차트입니다.

■● 차트 2-2-1 미국 다우종합지수 일봉 차트

　이 당시 저는 앞에 동그라미 그린 구간과 뒤에 동그라미 구간이 비슷하게 갈 것이라고 카페에서 몇 차례 말하기도 했습니다. 미국이 많이 빠져서 겁먹고 시초가에 많이 빠지는 가격으로 던지는 개인 투매물량을 시초가로 매수하는, 대략 이런 시나리오입니다.

그래서 반드시 현금을 일정부분 확보해야 하는 겁니다.

주식시장에는 "세 번째 투매는 받아라"라는 말이 있습니다. 이 구간은 외국인, 기관, 개인 모두 손실구간입니다. 결국 투매의 절정은 개인투자자들이 못 견디고 던질 때입니다. 그만큼 개인들은 정보가 부족하고, 매매에 대한 노하우가 부족하기 때문입니다.

그 이후 미국차트는 어떻게 됐는지 볼까요?

■● 차트 2-2-2 미국 다우종합지수 주봉 차트

시황을 읽는 힘은 이런 겁니다. 주봉이 이 정도니 일봉으로 보면 환상적인 차트가 그려져 있는 겁니다.

지수가 크게 오른다는 건 대형주가 오른다는 의미이고, 미국으로 보면 반도체와 은행주가 급등할 것을 암시하는 대목이었습니다. 이 당시 우리나라도 이후 반도체와 은행주가 많이 올랐습니다. 반도체와 은행주, 그리고 OLED 관련 종목이 또 오른 만큼 조정권에 들어가면서 갑자기 4차 산업혁명에 대한 이야기가 많이 나왔습니다. 이것이 바로 시대의 흐름입니다.

그러면 지수가 이 흐름을 이어가기 위한 4차 산업혁명의 대장주들인 삼성전자, NAVER, SK텔레콤 등의 움직임을 더욱 자세히 관찰해야 하고, 관련 중소형주도 발굴해야 하는 겁니다.

일단 시황이 머릿속에 있어야 그 다음으로 종목이 발굴되는 것이지, 시황이 틀려버리면 투자와 회수가 엇박자를 타면서 손실이 커져 투자 의욕조차 감소하고, 엇박자를 되돌리려면 심리적 안정과 투자 패턴의 변화를 위한 엄청난 노력이 뒤따라야 다시 시황과 정방향으로 같이 갈 수 있게 됩니다.

급락장에서 멘탈을 잡기란 여간 어려운 일이 아닙니다. 그래서 종목보다는 시황을 항상 기억하고 리스크를 최소화하는 방향으로의 투자를 지향해야 합니다. 급락 초기에 보유 주식의 비중을 정리하고 리스크를 줄여놓아야 그나마 멘탈관리가 가능하지 세 번째, 네 번째 급락까지 주식을 보유하다 보면 마지막 투매의 주체는 내가 될 수도 있습니다.

급락장에서는 모두가 급락을 외칩니다. 신문에서도, 방송에서도, 네이버 종목게시판을 가도 온통 불안을 가중시키는 소식들로 나의 멘탈을 흔듭니다. 하지만 시황을 잘 파악한 투자자는 현금화를 이미 시켜놓았기 때문에 급락장을 오히려 주식을 저가에 쓸어 담을 수 있는 기회로 활용할 수 있습니다.

초심을 잘
유지하고 있나요?

스트레스를 안 받고 주식투자를 즐기고 싶나요?
그러면 내 안의 욕심을 버리고 부지런히 공부하세요.

혹시 급등주에 베팅하고 있진 않나요(급등주는 매수가 아니라 베팅이라고 하겠습니다)? 저점매수보다는 빨간불을 치고 나가는 종목에 클릭하고 있나요?

1~2% 움직이는 게 너무 지루한가요? 공부는 안 하고 맨날 차트만 보고 있나요? 남들은 다 버는 것 같고 나만 계속 손실을 보는 것 같은가요?

'내가 주식에 꽤나 소질 있는 것 같은데'라고 생각하고 있진 않나요? '주식? 해보니까 그거 별거 아닌 거 같은데?'라는 생각이 가끔씩 드나요?

내 수익을 주변에 막 자랑하고 싶으신가요? 주식 이까이꺼 좀

해보니 감이 팍팍 오나요? 은행이자 1년 1.5%는 너무 적어서 이제는 거들떠보기도 싫은가요?

자만심에 빠지면 판판이 깨지는 게 주식

주식이란 게 사실 쓸모없는 종이 쪼가리에 가치를 부여해서 마구 돈을 찍어내는 일일 수도 있습니다. 돈은 주어진 가격표대로 돈의 가치가 그냥 남지만 주식은 올랐다 내렸다 하면서 하루에도 수도 없이 가치가 마구 변동하는 초위험 자산입니다.

'즐긴다'는 의미는 적극성을 내포하고 있습니다. 주식이란 것의 태생이 그냥 종이에 가치를 부여한 사기극이라면 사기극에 맞선 적극적인 자세가 필요합니다. 대강대강 나태하거나 소극적으로 주식을 대한다면 절대 즐길 수가 없습니다.

용돈 좀 벌어보겠다고 시작한 주식투자가 처음에는 이상하게도 수익이 나옵니다. 투자금이 적은 게 꽤나 마음 아픕니다. 그래서 투자금이 늘어나고 이제는 용돈이 아니라 생활비를 벌어보겠다고 투기적 매매가 가미되고, 그 결과 결국 손실이 발생하게 됩니다. 그 다음은 손실을 어떻게든 만회하겠다고 또 자금이 추가로 투입되고…. 결국 손실의 악순환이 계속됩니다.

그럼 초기에는 왜 돈을 벌 수 있었을까요? 그건 욕심이 적었기 때문입니다. 작은 수익에도 만족하고 배우려는 욕심이 있었으나 점차 큰 욕심이 생기고 조금 주식을 알아가는 맛을 들이면서 자만에 빠집니다.

주식은 끝이 없는 공부와 배움의 연속입니다. 자만하거나 게을러지면 결코 성공할 수 없는, 절대 즐길 수 없는 최악의 게임이 될 것입니다.

장기투자를 할까요, 단기매매를 할까요?

장기투자를 하라고 참 쉽게 말하지만 그게 쉽지 않습니다.
장기투자건 단기투자건 매매의 이유가 있어야 합니다.

주식매매는 기업 가치를 매긴 종이(유가증권)를 사는 겁니다. 그러면 주식을 잘 산다는 것은 향후 기업의 가치가 오를 만한 종목을 골라 저평가일 때 미리 매수한다는 것이겠지요. 그런데 기업의 가치는 계속 변하며, 많은 변수들을 적용하기에도 한계가 있고, 정보가 부족한 개인이 판단하기는 거의 불가능한 부분입니다.

그러므로 장기투자라는 것은 개인투자자의 매매기법으로는 상당한 어려움이 있는 투자기법입니다. '우량주를 사서 묻어둔다'는 아주 쉽고도 간단한 투자방법이 개인투자자에게는 상당히 어려울 수도 있다는 겁니다. 개인은 기업의 가치가 유지되는지 하락하는지에 대한 정보와 분석스킬이 부족하기 때문입니다.

투자해서 익절 혹은 손절하는 건 개인의 몫

매매기법에는 스윙, 데이, 스켈, 이평선 매매 등 매매지표에 따른 여러 가지 매매기법이 있습니다. 주식을 하면 개인들이 가장 많이 손실을 보는 매매법이 단타, 즉 단기매매입니다.

남들이 단타로 다 버는 것같이 떠들어도 실상은 많이 다릅니다. 수익을 자랑하는 사람들의 거의 대부분이 앞으로 남고 뒤로 손실 보는 매매를 지속하면서 계좌가 줄어들어 갑니다.

그렇다면 어떻게 해야 하냐고요? "정답은 없다"입니다. 리스크를 안고 단기매매에 집중할 것인지, 공개된 정보를 바탕으로 저평가 종목을 골라 장투를 할 것인지, 장투에 비중을 일정부분 두고 나머지로 단타를 할 것인지, 순전히 본인의 결정입니다.

장기투자해서 박살난 사람도 상폐된 경험을 한 사람도 있고, 장투해서 대박난 사람도 있습니다. 단타해서 수익을 내는 사람도 있고, 단타해서 박살나는 사람도 있습니다.

시기에 따라 주목을 받는 섹터가 다르며, 실적도 상황에 따라 달라집니다. 장투와 단타 비중을 어떻게 실을 것인지, 섹터별 종목 비중을 어떻게 가져갈 것인지, 수익률을 얼마로 예측하는지, 어디서 팔아야 하는지 등등. 아니다 싶으면 철수하고, 승부를 걸 만하다 싶으면 올인도 하고, 단호한 결정을 내리는 것. 시장의 흐름을 읽어가면서 승률을 계속 높여가는 것. 투자를 통해 나에게 맞는 투자방법을 찾아가는 것. 그러면서 자연스럽게 실수를 줄여가는 것. 주식투자는 이 과정의 연속입니다.

종목 추천 정도는 카페나 유튜브를 통해 얻을 수 있겠지만, 투자하고 수익을 챙기고 손절하는 건 투자자 개인의 몫입니다. 주어진 종목과 정보를 다시 분석하고 자신의 매매성향과 투자여건에 따라 장투와 단기매매를 스스로 결정해야 합니다.

단기매매나 장투매매나 공통적인 건 있습니다. 종목 선택에 있어 회사의 존속 여부에 절대 이상이 없어야 합니다. 장투는 말할 것도 없고 단기투자 종목도 회사의 존재 여부에 의문을 품을 만한 요소가 절대 없어야 합니다.

어느 차트에나 마디는 있고, 재료의 유무가 있고, 수급의 좋고 나쁨이 있고, 상하 흐름이 있습니다. 여러 요소를 복합적으로 고려해 종목을 결정하고, 비중을 결정하고, 단기매매를 할 것인지 아니면 장투에 들어갈 것인지를 결정해야 합니다. 좀더 사고가 유연해진다면 장투에 들어간 종목도 마디에서 단기매매를 할 수 있고, 단기매매로 들어갔으나 장투로 전환할 수도 있습니다.

대신 장기투자에 대한, 그리고 단기매매에 대한 충분한 이유가 분명 있어야 합니다. 종목을 매수할 때 분명한 이유가 있어야 하듯이 장투와 단기매매에도 분명한 이유가 필요합니다.

지금 본인이 가지고 있는 종목에 매수 사유가 분명한지 살펴보기 바랍니다. 만일 지금 보유하고 있는 종목이 처음 매수할 때의 예상과 오차를 벌이고 있다면 그 이유가 무엇인지 당장 체크해봐야 합니다.

실적이 잘못됐는지, 재료의 반영시기가 늦어지고 있는지, 수급 상황이 꼬이지 않았는지, 혹시 공매도가 나오고 있지 않은지, 주식시장 전체의 수급이 좋지는 않은지 등을 체크해보고, 이러한 뚜렷한 이유 없이 주가가 조정중이라면 인내하고 버텨야 합니다.

주식투자는 죽을 때까지 겸손하게 해야 한다

주식의 기술적 분석은 종잇장 한 장 차이입니다. 대부분은 멘탈 싸움입니다. 기본적인 기술적 분석조차 할 실력이 안 된다면 수단과 방법을 가리지 말고 공부해야 하며, 체면을 가리지 말고 질문하고 또 질문해야 합니다.

기술적 분석도 간단한 것 같지만 사람마다 상당한 차이가 있습니다. 물론 누구든 자신이 잘한다고 말하겠지만 제가 그동안 봐온 현장의 느낌은 대부분 초짜 수준을 간신히 넘긴 정도에 불과한 사람들이 전문가 행세를 하고, 고수 흉내도 냅니다.

주식은 한 3년만 하면 반고수가 되는데, 그때부터 약 10년 간이 가장 위험한 시기입니다. 약간의 자신감이 붙은 관계로 매매를 마구잡이로 하다가 또 장기간 슬럼프에 빠지기를 반복합니다.

주식투자는 죽을 때까지 겸손하게 해야 합니다. 겸손은 나 자신을 시장에 순응하게 만들고, 오류의 수정을 용이하게 만들어주며, 안정된 매매를 할 수 있게 만들어줍니다.

자신감이 한껏 붙은
투자자를 위한 조언

주식시장에서 겸손하지 못하면 상당한 불이익이 따릅니다.
타인의 비난뿐 아니라 자신감과 평정심도 잃게 됩니다.

주식투자에 발을 들이면 당일 수익 정산과 복리의 마법에 길들여져 큰 손실을 보고 있음에도 쉽게 발을 빼지 못하고 더욱 깊은 수렁으로 빠지는 투자자가 많습니다.

모든 일에는 기본이 있듯 주식투자에도 당연히 기본이 있습니다. 그 기본을 인지하는 데만도 엄청난 시간이 걸리는 것이 주식투자입니다. 세상의 온갖 엄청난 매매기법도 아무 소용이 없다는 것을 아는 때쯤, 비로소 자신과의 싸움이 주식투자에서 가장 중요함을 깨닫게 됩니다.

주식투자는 절대 단기 레이스가 아닙니다. 주식투자를 시작하자마자 잘된다고 해서 공부와 분석을 게을리하거나, 자신감과 자만감에 사로잡혀 기본을 게을리하면 결승점에 도달하기 전에 십중팔구 낙오하고 맙니다.

잘나갈수록 겸손 또 겸손해야 한다

당신을 성공한 투자자로 만들어주는 것은 알량한 잔기술들이 아닙니다. 다음 4가지를 꼭 명심해야 합니다.

첫째, 시황을 잡아야 합니다. 주식투자를 하면서 시황을 모른다는 것은 전쟁에 나가면서 총을 안가지고 나가는 것과 같습니다. 적군을 정확하게 쓰러뜨리기 위해선 조준이 필요한데 총이 없으니 전쟁 자체가 안 됩니다.

둘째, 마음의 안정을 유지해야 합니다. 주식은 심리적 요인이 상당히 크게 작용하는 게임입니다. 특히 손실이 커질 때, 매매가 잘 안 될 때 마음이 흔들려 충동적으로 마구잡이식 매매를 하게 되면서 손실이 커지게 되는데 이것을 컨트롤할 줄 알아야 합니다. 손실을 기록하다가도 이것을 극복하는 과정을 통해 좋은 결과물이 나오게 됩니다.

셋째, 서두르지 말아야 합니다. 제가 주식초보자들에게 항상 이야기합니다. "끈질기게 악착같이 원하는 매수가가 올 때까지 기다리고 기다려라. 거기서 또 분할 매수해라." 개인투자자가 가장 쉽게 빠지는 함정은 '내가 사면 꼭 빠진다'입니다. 이 생각을 '내가 사면 당연히 빠진다'라고 바꿔야 합니다. 그래야 여유가 생깁니다. 내가 세력도 아니고 게다가 자금도 적은데 어떻게 바닥을 잡습니까?

넷째, 주식도 운칠기삼(運七技三)입니다. 이 말이 주는 교훈은 '항상 겸손하라'입니다. 그다지 주식을 잘하지도 못하는 사람이 맨날 주변에 주식 이야기를 떠들고 다니고 수익률을 자랑하고 다니는 겁니다. 진정한 고수는 수익을 주는 시장에 항상 감사해하며, 타인에게 항상 겸손합니다.

한국시장의 공매도는 사기며 범법행위입니다

기울어진 운동장에서 투자하자니 참 많이 힘듭니다.
공매도의 폐해와 시장이 나아갈 길을 알아봅니다.

사기란 우리 형법 347조에서는 '사람을 기망하여 재물을 편취하거나 재산상의 불법한 이익을 취득하거나 타인으로 하여금 이를 얻게 하는 죄'로 규정하고 있습니다. 한마디로 이야기하면 '고의적으로 남을 속여서 피해를 주고 자신은 금전적 이득을 취하는 행위'가 사기입니다.

주식시장엔 투자주체가 외국인, 기관, 개인, 이렇게 셋입니다. 그런데 개인의 승률이 5%가 안 되는 것은 왜일까요? 그것은 바로 공매도 때문입니다.

우리가 게임에서 3명이 고스톱을 치면 승률은 33%에서 크게 벗어나지 않습니다. 그러나 주식시장에선 개인의 승률이 절대로

5%를 넘지 못합니다. 같은 시장에서 같이 게임을 하는데 기관과 외인은 패를 하나 더 쥐고 있기 때문입니다. 또한 그 패는 누가 쥐어준 것일까요?

다음 내용을 읽고 주식시장에서 개인투자자의 적이 누구인지 분명히 기억하기 바랍니다.

공매도의 문제점은 정말 심각하다

공매도란 무엇일까요? 주식을 빌려와 주가 하락을 예상해 미리 매도하고, 향후 주가 하락 시에 주식을 되사서 갚고 차익을 취하는 매매 방법입니다.

하지만 우리나라에서 행해지는 공매도는 주가 하락을 예상한 매매가 아니라 공매도를 빙자한 시세 조정에 가깝습니다. 고의로 상승을 막고 고의로 주가를 하락시키는 시세조정을 하면서 이익을 취하는 엄연한 범법행위를 저지르고 있습니다.

공매도 세력은 단독행동을 하지 않습니다. 왜냐하면 혼자 공매도를 치다가 다른 세력이 주가를 올려버리면 자칫 엄청난 금전적 손실을 보기 때문입니다. 그래서 공매도 세력은 이미 몇몇이 사전 공모를 통해 공매도에 대한 작전을 세우고 철저하게 계획적으로 주가를 하락시킵니다. 고의적 시세조정 행위입니다.

공매도 세력은 거짓 정보를 시장에 흘려 주가를 임의로 하락시

키는 주범입니다. 거짓 루머나 정보를 흘리고 주가를 고의적으로
하락시켜 금전적 이득을 취합니다.

주식시장의 존재 이유는 회사가 자본 조달을 하고 투자주체는
주주가 되어서 회사의 발전과 성장에 따른 이익을 배분하기 위함
입니다. 그런데 공매도 세력은 주주가 아닙니다. 주식을 단지 빌리
는 것뿐입니다. 빌린 주식으로 시장 가격을 하락으로 고의로 왜곡
시키면서 단지 시세차익을 노리는 겁니다. 주주가 아닌 투자주체
가 주식시장에 존재하는 것 자체가 말이 안 됩니다.

한국 주식시장에서 공매도 주범은 외국인입니다. 80%가 넘습
니다. 금융당국은 외국인 투자자금의 유출을 우려하며 시장에서

■● 도표 2-3-1 특정 종목의 공매도와 대차 물량 증가 추이

공매도			대차	
수량	금액	비중	전일증감	잔고
313,978	27,726,310	36.24	+960,183	29,224,194
297,531	26,316,073	27.78	+942,238	28,214,011
369,912	33,243,214	39.87	+945,917	27,271,773
246,201	22,318,294	29.59	+957,993	26,325,856
322,848	28,980,372	21.19	-1,809	25,367,863
215,147	20,013,980	18.28	+38,134	25,369,564
58,209	5,564,699	11.81	-82,711	25,331,564
156,273	14,995,518	13.68	+373,008	25,414,275
83,279	8,185,300	24.68	-174,509	25,041,267
55,218	5,445,261	20.90	+483,268	25,215,776
75,246	7,407,237	15.03	+249,525	24,732,508
14,679	1,461,753	5.01	+127,209	24,459,883

벌어지고 있는 사기행위에 눈을 감고 있는 겁니다. 정부는 개인투자자 보호와 건전한 외국인 투자자 유치, 건강한 주식시장 환경조성에는 관심이 없는 것 같습니다. 이러니 개인투자자는 아무리 노력을 해도 이익을 내기가 힘든 겁니다.

도표 2-3-1은 어떤 종목의 공매도와 대차현황입니다. 이 종목은 역시나 계속 급락중입니다. 공매도에 대해서 이야기를 할 때, 전문가나 공직자들은 항상 공매도의 순기능에 대한 이야기를 빼놓지 않습니다.

그중 대표적인 주장이 "주가가 과도하게 급등하는 것을 막아준다"입니다. 하지만 제가 보기에는 아주 잘못된 논리입니다. 시장에서 주가가 아무 이유 없이 급등하는 걸 막아야 하는 건 공매도의 역할이 아니라 그건 한국거래소의 역할이고, 경제부처 공무원들이 할 일입니다.

2018년 삼성증권의 유령주식 매도 사건과 모건스탠리의 무차입 공매도 사건을 기억하나요? 이 사건들은 우리 주식시장이 아직도 관리 시스템이 엉망이며, 정부의 안일함 아래 서슴없이 불법적인 사건이 벌어지고 있으며, 공매도 매매의 역기능을 막기 위한 기본인 업틱룰(공매도 매매 시 현재가 이하로 매물을 내놓지 못하게 하는 제도)조차 감시되지 않는 상황이라는 것을 잘 보여줍니다.

과도하게 급등하면 투자주체는 알아서 매도하고, 과도하게 급락하면 알아서 매수합니다. 그것이 자연스런 주식시장의 흐름입니다.

한시적 공매도 금지 후에도 아무 일이 없었다

2020년 9월말, 코로나19로 인해 급격한 경제지표 하락과 주식시장의 침체 우려로 공매도금지가 시행되고 있습니다. 과연 정부가 그리 외치던 주가 급등에 대한 통제 불가가 일어나고 있습니까? 공매도 금지로 인해 외국 자본의 급격한 유출이 진행되고 있습니까?

불법 무차입 공매도를 서슴지 않는 외국인들에 대한 솜방망이 처벌은 과연 누구를 위한 겁니까? 솜방망이 처벌로 대한민국 경제가, 대한민국 주식시장이 건전해집니까?

한시적 공매도 금지 후, 시장에서는 아무 일도 일어나지 않고 있습니다. 오히려 개인투자자들이 마음 놓고 투자하는 환경이 만들어지고 있는 것이 보이지 않습니까? 불법 공매도를 일삼고 우리 주식시장을 교란시키는 외국자본은 쫓아내고, 공정하고 깨끗한 주식투자 환경을 조성하는 것이 오히려 금융 선진국으로 가는 지름길일 것입니다.

단기 급등주에 소중한 돈을 낭비하지 마세요

크게 잃지 않고 잘 버티다 보면 반드시 기회는 옵니다.
급등주의 유혹에서 자유로울 수 있는 멘탈을 가져야 합니다.

시장의 흐름을 보면 상하한가 폭이 30%로 변경된 이후에 급등락이 정말 아찔할 정도로 심하게 나타나고 있습니다. 그러다보니 이런 변동성을 이용한 단기매매 세력이 개미들 돈을 훑어가는 중입니다.

상하한가 15% 시대라면 절대로 7% 이상 상승한 종목에는 진입하지 않았을 사람들이 지금은 15% 이상 상승한 종목에도 상한가를 노리고 겁 없이 마구 진입하고 있습니다. 자칫 엄청난 손실을 초래할 수도 있는 시장 상황입니다.

시장의 재료를 보더라도 한 달 내지 두 달을 바라보는 재료가 아닌 하루짜리나 며칠짜리 찌라시가 난무합니다. 우리의 상대는 엄청난 거대자본의 외국계와 기관, 그리고 세력입니다. 그들은 돈뿐만 아니라 방대한 정보력, 마인드컨트롤까지 우리보다 전부 한수, 아니 두세 수 위인 상대입니다.

남들 열심히 벌고 있는 것 같고 나는 맨날 깨지고 있는 것 같아도 남들은 더 심하게 엉망이 되어가고 있다는 걸 알아야 합니다. 버는 게 우선이 아닌 잃지 않는 매매가 기본입니다. '잃지 않으면 언젠가는 기회가 온다'는 신념으로 성급한 매매와 무리한 매매를 자제하고, 피 같은 소중한 돈을 잘 지켜야 합니다.

이성을 잃고 손절을 반복하는 당신

개인투자자들이 단기 급등주에 손대는 이유는 지금 내가 보유한 종목이 움직이지 않고 있기 때문이거나, 손실을 본 후 손실금액을 단기간에 만회하기 위해서입니다. 그러나 이러한 이유는 당신이 이미 멘탈관리에 실패했다는 의미이며, 급등주매매에서 수익을 내기 어려운 사유가 하나 더 생긴 겁니다.

이런 심리상태에서 주식매매를, 그것도 급등주매매를 하게 되면 조급함과 불안감으로 인해 매수 후 손실구간을 참지 못합니다. 그러니 결국 이성을 잃고 손절을 반복합니다. 내 종목이 안 움직일 경우에는 그 종목을 객관적 관점에서 다시 한 번 전체적으로, 특히 수급과 재료에 대해 생각해보길 권합니다.

손실이 발생했을 때는 좀더 차분히 우량주에서 만회할 전략을 세워야 합니다. 개인투자자는 자금도 시간도 부족하기 때문에 조급증과 성급함, 섣부른 승부는 큰 손실을 불러올 수 있으므로 급등주매매를 통한 수익창출은 상당한 어려움이 있음을 알아야 합니다.

모든 일에는 정도(正道)가 있으며, 주식투자도 마찬가지입니다. 조금 느려도 정도(正道)를 지키는 매매가 결국 완성된 투자자로 가는 가장 빠른 길입니다.

단타매매의
유혹에서 벗어나세요

단타매매로 수익 났다는 사람들을 부러워하지 마세요.
그들은 이미 실패자의 길을 걷고 있기 때문입니다.

단기매매라고 하면 흔히 스켈핑, 단타, 스윙 등이 떠오릅니다. 스켈핑은 급등종목에서 몇 초나 몇 분 안에 이익을 내고 나오고자 하는 매매법이고, 단타매매는 급등이나 급락종목에 들어가 당일에 정리하는 매매법이며, 스윙은 며칠이나 일주일 정도의 기간 동안 투자하는 방법입니다.

이 중에서 스켈핑과 단타매매는 절대 비추입니다. 스켈핑과 단타는 실력이 아닌 운에 피 같은 돈을 낭비하는 무모한 행위입니다. 그런 투자로 몇 번의 운으로 수익이 날 수도 있지만 결국 그 운이 파멸로 몰아갈 것입니다.

"나는 단타매매로 몇 억을 벌었다" "개인의 살 길은 오직 단타

뿐이다" 등 이런 건 다 개인투자자들을 먹이로 삼는 꾼들의 달콤한 유혹일 뿐입니다. 개인투자자들은 이런 유혹에 절대 속아 넘어가지 말아야 합니다.

바닥에서 중장기투자를 목적으로 매수하라

가장 이상적인 단기매매는 우량주, 성장주, 실적주를 발굴해 바닥에서 중장기투자를 목적으로 매수하고 있는데 갑작스런 상승흐름이 나와서 뜻하지 않게 단기적으로 큰 수익이 발생해 수익을 챙기는 그런 형태입니다. 그러니까 결국 단기매매 또한 중장기투자 목적이 바탕이 되어야 한다는 의미입니다.

결론은 단타매매도 종목을 고를 때 반드시 중장기투자를 할 만한 우량주를 고르라는 의미입니다. 단순히 차트나 재료만 보고서 단타매매 종목을 고르면 안 되고, 그 회사의 재무상태와 성장성을 고려해야 합니다.

개인투자자가 흔히 '고가주는 안 움직인다'는 생각을 가지고 있습니다. 하지만 이는 매우 잘못된 생각입니다. 저가주가 단타치기 좋아 보이고 많이 오를 것 같지만, 실제로 시장에서는 고가주가 더 많은 상승을 기록하고 있으며, 상승 확률이 더 높습니다. 고가주는 고가인 이유가 있고, 저가주는 싼 이유가 분명히 있는 겁니다. 그것이 세상의 이치입니다.

또한 저가주보다는 실적주와 성장주가 훨씬 주가상승의 확률이 높습니다. 단순히 싸니까 많이 오를 수도 있을 것 같은 느낌은 당신 혼자만의 착각입니다. 주식투자는 확률에 승부를 걸어야 꾸준한 수익창출이 가능합니다.

"장사꾼은 보이는 걸 팔고 사업가는 보이지 않는 것에 투자를 하지." 영화 〈베테랑〉
에 나오는 제가 아주 좋아하는 대사입니다. 주식도 그렇습니다. 보이는 것, 차트
이평선, 기관외인수급, 보조지표, 뉴스 등 보이는 것에만 의존하는 투자는 하루에
12시간씩 문 열고 힘들게 장사하는 것과 다를 바 없습니다. 차트 속에 숨은 심리의
발견, 수급의 역대응, 뉴스의 반응예측 능력, 재료의 가치계산, 미래가치의 측정 등
은 사업가로서의 투자와 유사합니다. 주식 연수가 쌓여가고 경험이 늘어날수록 장
사꾼보다는 사업가로서의 주식투자자가 바람직한 방향일 것입니다. 지금은 장사꾼
일지라도 사업가가 되기 위한 준비를 게을리하면 안 될 것입니다.

3장

주식 초보투자자를 위한
돈 되는 알짜 정보들

알쏭달쏭한 호가창, 명쾌하게 알아봅시다

호가창의 기본 구조만 이해해도 싸게 매수할 수 있습니다.
호가창을 보면 투자자의 심리 상태를 알 수 있습니다.

"괜찮은 종목 좀 추천해주세요, 그런데 저는 돈이 조금밖에 없어서…"쑥스러워하면서 조심스레 말을 꺼내는 분들을 자주 접하게 됩니다.

그러면 저는 자신 있게 말씀드립니다. "주식투자는 원래 돈이 부족한 사람들이 하는 겁니다, 돈이 많은데 왜 위험한 주식투자를 합니까?" 그러면 대부분의 사람들은 고개를 끄덕이며 자신감을 갖습니다.

그런데 우량주만 사두면 다 수익이 날 줄 알고 장기투자를 하다가, 너무나 느린 움직임과 잘 오르지 않는 보유종목에 싫증을 느끼며 단타매매로 전향하는 경우가 많습니다. 그러나 단타와 단기

매매의 현장은 속임수가 난무하고 사람의 심리를 이용한 눈속임도 많습니다. 개인투자자가 가장 많이 속는 내용 중 호가창에 대한 이야기를 여기서 해보겠습니다.

세력의 입장에서 생각하려고 노력하자

■● 자료 3-1-1 호가창의 이해

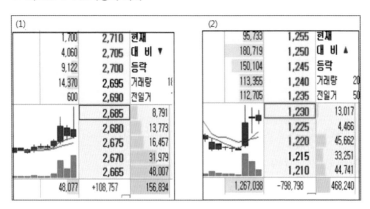

1번 호가창은 매도보다 매수량이 현저히 많고, 2번 호가창은 반대의 양상입니다. 매매 중에 2번과 같은 호가창을 만나면 주가는 상승을 못하고 아래호가로 매도를 불러오게 마련입니다. 총매도량이 126만주, 총매수량은 46만주로 보기만 해도 갑갑하고 답이 없는 상황입니다.

1번 종목의 호가창은 총매도량이 4만8천주, 총매수량은 15만

6천주입니다. 그런데 일봉 차트를 보면 1번 종목은 윗꼬리 음봉이, 2번 종목은 양봉이 나온 상황입니다. 호가창과는 상황이 완전히 반대입니다.

1번 호가창의 상황을 잠시 생각해보겠습니다. 매도에는 수량이 별로 없고, 매수에는 수량이 많습니다. 매수에 현저히 수량이 많다는 것은 무슨 의미일까요? 말 그대로 매수에 수량이 많다는 건 사려고 대놓은 물량이 많다는 것이고, 저 물량은 절대로 위로 올려 사지 않을 물량들입니다. 즉 누가 팔 때까지 기다리는 겁니다. 그러면 주가는 절대 오르지 못하고, 저 물량이 다 매수될 때까지 주가는 매수량이 많음에도 불구하고 내려가게 됩니다. 그래서 매수량이 많은 호가창의 일봉은 음봉이 많습니다.

반면에 2번 호가창은 어떨까요? 1번 종목과 반대입니다. 매도 호가에 매도물량이 엄청나게 많고 매수호가에 매수량이 적을 땐, 매수량이 적다는 판단을 하면 안 되고 팔려는 물량이 많다는 판단을 해야 합니다. 저 매물을 세력이 내놓았건 개인이 내놓았건 소화시키려는 움직임이 나타납니다. 점차로 위로 올려서 사는 매수세가 들어오게 되는 경우가 많습니다. 그러다 보니 매도량이 많은 호가창의 일봉은 양봉이 많습니다.

호가창을 보면서 1번과 2번처럼 매수와 매도의 물량이 상당히 차이가 많은 경우는 세력이 개입되어 있다고 보면 됩니다. 그러면 주가는 세력이 유리한 방향으로 흐르게 되어 있고, 개인은 물량을 털리는 겁니다.

1번에는 세력이 매수하기 위해 깔아놓았으니 저 물량을 다 매수하기 전까지는 주가가 오르지 못할, 아니 하락할 확률이 상당히 큽니다. 반면에 2번은 세력이 이미 매수한 물량을 매도호가에 쭉 깔아놨으니 매수를 유도하면서 저 물량을 다 팔아먹으려고 할 것이니 주가는 상승하게 됩니다.

이 부분을 살펴보면 주식매매는 기본적 분석을 바탕으로 한 우량주 찾기가 기본이지만, 매매를 함에 있어서는 심리적 요인이 크게 작용함을 알 수 있습니다. 투자자의 심리를 이용해 주가와 차트를 만들어가고, 시세를 형성해갑니다. 매매할 때는 항상 세력의 입장에서 생각하고 이해하려고 노력해야 합니다.

아래 두 종목을 여러분이라면 어떻게 매매를 할지 생각해보기 바랍니다.

■•◦ 자료 3-1-2 매수호가에 수량이 많은 경우

매수 수량이 많아 사려는 사람이 많아 보이지만, 실제로는 사려는 수량이 많을 뿐, 사려는 사람은 세력인 경우가 많습니다. 저 매수량이 어느 정도 매수가 되어야 주가는 바닥을 다지게 되고, 다시금 상승의 시간이 다가오게 됩니다.

　개인투자자는 매수량이 많으면 매수를 위 호가로 하는 경우가 많은데, 그런 식으로 매매하면 사자마자 손절하는 상황이 반복적으로 일어납니다. 이렇게 매수량이 많은 경우는 자신도 아래 호가에 골고루 매수량을 입력하고 세력과 같은 방식으로 매매를 하면 됩니다.

호가와 매매주문의
기본을 알아봅시다

다 아는 것 같아도 매매주문을 모르는 분이 많습니다.
의외로 중요한 내용이므로 이번 기회에 마스터합시다.

　주식을 처음 접하거나 얼마 안 된 분들은 매매주문을 넣어도 체결이 되지 않아 당혹스러워 한 경험이 있을 겁니다. 그것은 호가와 매매주문에 대한 매우 기초적인 원리를 몰라서 발생하는 일입니다. 특히 아침 9시에 장이 시작할 때 시초가로 매매할 때와 3시 30분 종가로 매매할 때 자주 발생하며, 반드시 사고 싶거나 꼭 팔고 싶을 때 알고 넘어가야 할 내용입니다.

　이 내용은 다음에 설명드릴 '시가매매와 종가매매'의 기본 주문 방법이므로 반드시 알아두기 바랍니다(실제로, 이 기초도 모르고 시가매매와 종가매매를 하는 분들도 있습니다).

삼성전자 사례로 보는 매매주문의 원리

아래는 삼성전자의 호가창입니다(정각 9시의 호가라고 가정하겠습니다).

■● 자료 3-2-1 삼성전자 호가창

매도잔량				
219,500	53,500	▤	시	
93,357	53,400	▪	고	
78,245	53,300		저	
138,833	53,200		기준	
156,941	53,100		상한	
104,345	53,000	▬	하한	
68,401	52,900		비용	
63,897	52,800			정적VI발동(
247,432	52,700	상승		
262,326	52,600	하락		
	52,500			87,787
	52,400	▪		197,335
	52,300			234,182
	52,200			154,728
	52,100			80,314
	52,000			235,186
	51,900			162,313
	51,800			165,858
	51,700			38,134
주문	51,600			19,769
1,433,277	57,671			1,375,606

1. 시초가로 꼭 사고 싶다면?

매수를 하려고 합니다. 그래서 오전 8시 59분 59초에 매수주문을 넣겠습니다.

체결 예정가는 52,600원입니다. 여기서 내가 52,500원에 매수

주문을 넣으면 매수가 당연히 안 되겠죠. 체결 예정가가 52,600원이면 최소 52,600원으로 매수주문을 넣어야 합니다.

그런데 나보다 52,600원에 매수주문을 먼저 넣은 사람이 있다면, 내 매수주문은 체결이 안 될 수도 있습니다.

그럼, 내가 시초가로 삼성전자를 꼭 사고 싶다면 얼마에 매수가를 입력하면 될까요? 네, 52,600원 위로 매수 주문을 넣으면 됩니다. 다른 사람보다 내 매수주문가격이 높으면 내 물량이 먼저 체결됩니다. 높은 가격으로 매수주문을 넣었다고 해서 높은 가격에 매수 체결되는 것이 아니고 시초가로 매수 체결됩니다.

만일 매수가격을 55,000원으로 입력해도 시초가인 52,600원에 체결되는 겁니다. 매우 높은 가격으로 매수가격을 입력했기 때문에 나에게 체결 우선권이 있습니다.

2. 주식을 꼭 팔아야 한다면?

현금이 필요해서 매도를 하려고 합니다. 반드시 매도해야 하는 상황입니다.

체결 예정가는 52,600입니다. 동일합니다.

여기서 내가 52,700원에 매도주문을 입력하면 당연히 시초가에 매도가 안 되겠지요. 체결 예정가가 52,600원이면 52,600원 이하로 매도주문을 입력해야 합니다.

그런데 나보다 52,600원에 매도주문을 먼저 넣은 사람이 있다면 그 사람 물량이 먼저 체결됩니다.

3. 시초가로 꼭 팔고 싶다면?

그럼, 내가 시초가로 삼성전자를 꼭 팔고 싶다면 얼마로 매도가를 입력해야 할까요?

네, 52600원 아래로 매도주문을 하면 됩니다. 다른 사람보다 내 매도주문가격이 낮으면 내 물량이 먼저 체결됩니다. 낮은 가격으로 매도주문을 넣었다고 해서 낮은 가격에 매도가 체결되는 것이 아니고 시초가로 매도 체결됩니다.

이와 같이 매수주문은 높은 가격으로 입력한 주문이 먼저 체결되며, 매도주문은 낮은 가격으로 입력한 주문이 현재가로 먼저 체결됩니다.

만일 매도 가격을 50,000원으로 입력해도 시초가인 52,600원에 체결되는 겁니다. 나는 매우 낮은 가격으로 매도가격을 입력했기 때문에 나에게 체결 우선권이 있습니다.

좋은 기업을 선택하려면 재무제표는 필수입니다

좋은 투자의 첫걸음은 좋은 기업의 선택입니다.
재무제표로 빠르고 간단하게 좋은 기업을 고릅시다.

기업 활동의 기본은 수익 및 수익성을 높이는 것이고, 주식투자의 기본은 수익성이 높은 기업의 주식을 싸게 사서 비싸게 파는 것입니다. 그렇다면 투자할 좋은 기업의 선택이 주식투자의 출발점이라고 할 수 있습니다(개별주와 테마주의 매매는 기업의 기본적 분석과 관계없는 부분이기 때문에 제외합니다).

주가가 저평가 기업 순으로만 움직인다면 얼마나 투자하기 편하겠습니까? 하지만 주가는 절대로 저평가 기업 순으로 움직이지 않고 저평가 기업도 다음해에는 실적이 안 좋아져 고평가 기업으로 둔갑할 수 있기 때문에 저평가의 기준을 전년도와 금년도 실적 발표 숫자를 기준으로만 하는 데는 아무래도 한계가 있습니다. 주식투자는 현재 저평가인 기업보다는 미래 실적대비 저평가 기업을 고르는 과정입니다.

숫자에 약한 일반 투자자는 재무제표를 두려워하거나 등한시하는 경향이 있습니다. 가치투자를 전문으로 하는 투자자가 아니라면 여기서 설명하는 최소한의 기본적인 사항만 알고 있어도 주식투자를 하는 데 큰 어려움이 없을 것입니다.

재무제표, 알고 보면 어렵지 않다

이제부터 재무제표를 어려워하는 분을 위해 최대한 쉽게 설명해보겠습니다.

기본적 분석을 통해 투자할 기업을 선택하는 기준은 크게 다음의 3가지입니다.

- 저평가되어 있는 기업(영업실적에 비해 주가가 저렴한 기업 발굴).
- 저평가국면은 아니지만 기업실적이 더욱 좋아질 것으로 예상되는 기업.
- 동종 경쟁업체 대비 주가가 저평가되어 있는 기업.

기업의 투자를 평가하는 기준이 되는 몇 가지 재무지표들이 있습니다. 특히 다음에 열거하는 몇 가지 기본적 지표의 의미는 반드시 알고 넘어갑시다.

- EPS : 주당순이익(순이익을 주식수로 나눈 것)을 말하는데 높을수록 좋음.

- PER : 주가수익비율을 말하는데 일반적으로 '퍼'라고 불림(주가를 주당순 이익으로 나눈 것). 낮을수록 좋음.

- BPS : 주당순자산 혹은 청산가치라고도 불림(순자산을 발행주식수로 나눈 것). 높을수록 좋음.

- PBR : 주가순자산비율(순자산을 주가로 나눈 것. 주가를 BPS로 나눈 것)을 말 하는데 낮을수록 좋음.

- ROE : 자기자본이익률(투입한 자본이 만들어낸 수익률)을 말하는데 높을수 록 좋음.

- ROA : 총자산수익률(기업의 총자산이 창출한 수익률)을 말하는데 높을수록 좋음.

2018년 액면분할 전 삼성전자의 지표를 기준으로 살펴보겠습니다.

■● 자료 3-3-1 2012~2016년 삼성전자 재무지표

계정과목	2012/12	2013/12	2014/12	2015/12	2016/12
EPS	136,278	175,282	135,673	109,883	136,760
PER	11,17	7,83	9,78	11,47	13,18
BPS	731,458	892,045	1,002,811	1,095,140	1,217,019
PBR	2,08	1,54	1,32	1,15	1,48
ROE	21,65	22,80	15,06	11,16	12,48
ROA	14,16	15,42	10,53	8,07	9,01
유보율	13,765,52	16,809,60	18,909,29	20,659,47	21,757,56

2015년 주당순이익(EPS)이 감소하면서 어려움을 겪었으나 2016년 실적이 좋아지면서 주가가 상승해 저평가 국면을 서서히 벗어나며 PER(주가수익비율)이 올라가고 있고, BPS(주당순자산)도 실적과 함께 급격히 증가했습니다.

삼성전자는 2016년까지는 저평가 국면이었지만 주가의 상승 폭이 크게 나타남으로써 각종 지표들이 저평가 상태를 벗어나고 있음을 볼 수 있습니다(삼성전자가 계속 실적 상승을 보이고 있으나 주가 또한 급하게 올라온 경향이 있으므로 투자매력이 점점 사라지고 있습니다).

재무제표를 살펴보기 위한 핵심 회계용어들

우리가 회계사도 아니고, 주식투자자이기에 재무제표를 다 알 필요는 없으니 주식투자를 하는 데 있어 꼭 기본적으로 알고 갈 것만 알아봅시다.

자료 3-3-2는 2016년 기준 삼성전자 사업보고서(출처:금융감독원 전자공시시스템)입니다.

자산총계	262,174,324
[유동부채]	54,704,095
[비유동부채]	14,507,196
부채총계	69,211,291
[지배기업 소유주지분]	186,424,328
• 자본금	897,514
• 주식발행초과금	4,403,893
• 이익잉여금	193,086,317
• 기타	△11,963,396
[비지배지분]	6,538,705
자본총계	192,963,033
	2016년 1월~12월
매출액	201,866,745
영업이익	29,240,672
연결총당기순이익	22,726,092
지배기업 소유주지분	22,415,655
비지배지분	310,437
기본주당순이익(단위 : 원)	157,967

- 자산 : 기업이나 법인이 소유한 재산. 자산은 자신이 기본적으로 가진 자본과 타인의 자본(부채)을 합친 개념으로 총재산임. '자산=자본+부채 (위의 예 : 262,174=69,211+192,963)'.

- 부채 : 빚. 유동부채는 1년 안에 갚아야 하는 부채(단기부채)이기에 많으면 안 좋음. 비유동부채는 1년 이후에 갚아도 되는 부채(장기부채).

- 자본 : 빚을 제외한 순수한 사업에 필요한 모든 재산.

- 자본금 : 주식회사의 기초 사업자금(주식수X액면가).

- 주식발행초과금 : 새롭게 주식을 발행하면 현재주가와 액면가의 차이로 인해 발생하는 잉여금. 무상증자에 주로 사용.

- 잉여금 : 기업 활동을 잘해 회사 내에 보유하고 있는 금액(이익잉여금)으로 배당 등에 사용함. 감자를 할 경우 감자차익이 이익잉여금으로 전환되어 자본이 느는 효과가 있음(자본잉여금). 잉여금항목은 위의 요약재무제표가 아닌 상세 재무제표에서 자본잉여금이 많은 이유를 체크해야 함(부실기업은 유상증자나 감자 등으로 자본잉여금이 급증하는 경우가 많음).

그러면 아래 자료 3-3-3을 보면서 간단하게 위에서 이야기한 지표들을 스스로 계산해보기 바랍니다(2016년 기준). 아래는 파워로직스이며 12월말 기준 현재가는 3,920원, 총주식수는 32,036,000주입니다.

■● **자료 3-3-3 2016년 파워로직스 사업보고서(일부)**

	2014/12	2015/12	2016/12	2017/12	2016/06	2016/09	2016/12
매출액	5,523	5,814	5,455	6,054	1,261	1,303	1,559
영업이익	116	94	127	228	23	7	83
당기순이익	48	32	48	192	9	-24	85
지배주주순이익	49	47	66	203	15	-24	86
비지배주주순이익	-1	-15	-18		-6	-1	-2
자산총계	2,784	2,904	3,048	2,882	2,821	2,900	3,048
부채총계	1,554	1,418	1,544	1,234	1,390	1,527	1,544
자본총계	1,230	1,486	1,504	1,648	1,431	1,373	1,504
지배주주지분	1,234	1,401	1,463	1,596	1,388	1,330	1,463
비지배주주지분	-4	86	41	52	43	42	41
자본금	144	161	163	162	162	162	163

- 부채비율(부채총계/자본총계) : 1,544/1,504 = 102%

- EPS(주당순이익, 지배주주순이익/주식수) : 6,600,000,000/32,036,000 = 206원

- PER(주가순이익비율, 현재가/EPS) : 3,920/206 = 19.0

- BPS(주당순자산, 순자산/주식수) : 4,568(계산 생략)

- PBR(주가순자산비율, 현재가/BPS) : 3,920/4,568 = 0.85

- ROE(자기자본순이익비율, 지배주주순이익/자본총계) : (66억/1504억)*100
  = 4.4 %

- ROA(총자산수익률, 당기순이익/총자산) : (48억/3,048억)X100 = 1.57%

약간 복잡하지만 어차피 증권사에서 다 제공되므로 의미만 파악하고 가면 되겠습니다. 위에서 보면 부채비율은 낮을수록 좋고, EPS는 당연이 높을수록 그리고 매해 증가할수록 좋을 것이고, PER은 낮을수록 주가가 저평가되어 있다는 이야기이며, BPS는 당연히 높을수록 좋을 것이며, PBR은 청산가치를 나타내므로 1을 기준으로 낮으면 저평가이고 높으면 고평가를 나타내며, ROE와 ROA는 높을수록 그리고 매해 증가할수록 좋습니다.

투자자들이 주로 보는 지표는 PER과 PBR입니다. 일반적으로 저평가 주식을 고를 때 PER이 낮고 PBR이 1보다 낮은 종목을 찾은 후 기타 지표가 증가하는지 아니면 감소하는지를 복합적으로 평가해서 투자할 종목을 결정하게 됩니다.

위의 재무제표를 기준으로 2016년과 2017년을 계산해보겠습니다(이해를 돕기 위한 작업이며, 여러분 스스로 해봐야 합니다).

	2016년	2017년
		4월 10일 5,500원 현재가 기준
부채배율	102%	74.80%
EPS	206	633
PER	19	8.6
BPS	4568	4568
PBR	0.85	1.2
ROE	4.40%	12.30%
ROA	1.57%	6.60%

동일하게 나왔나요? 부채비율은 현저히 낮아지고, EPS는 증가하고, PER이 낮아지고, 투자자본과 자산에 대한 순이익비율(ROE, ROA)도 크게 상승합니다.

참고로, 순이익은 지배주주 순이익과 비지배주주 순이익으로 분류됩니다. 즉 파워로직스의 자회사가 있을 경우 자회사지분이 50%가 넘으면 파워로직스와 같이 지배주주 순이익으로 합쳐지며, 지분이 25~50%인 경우는 지분만큼 비지배주주 순이익으로 분류됩니다.

저평가 종목의 발굴은 주식투자자에게 필수입니다. 신문이나 방송 기타 매체를 통하든, 스스로 정보를 수집하든 같은 업종의 회사들과 재무제표를 비교하면서 찾아내야 합니다.

단, 주식이 저평가되어 있다고 해서 주가가 반드시 움직이지는 않습니다. 주식의 시세는 한 가지가 아닌 여러 요소가 복합적으로 얽혀서 나타나게 되므로, 저평가라는 잣대는 주식을 매수하기 위한 한 가지 중요 요소라고 이해하는 것이 좋습니다.

'매출이 얼마가 증가하고, 영업이익이 얼마가 증가할 거다' 식의 경제뉴스가 나오죠. 그러면 가장기본이 되는 기업의 EPS, PER는 머릿속에서 자동으로 계산되어야 합니다.

저평가 기준은 현재가이기 때문에 예상실적이 좋아도 주가가 많이 올랐으면 오히려 고평가 종목이 될 수도 있습니다. 그러므로 주가가 바닥을 치면서 실적이 좋아지는 종목을 찾아야 합니다.

PER의 쓰임새와
한계를 알아둡시다

간단하지만 주식초보자가 반드시 알아야 할
PER을 활용하는 기본 방법에 대해 공부합니다.

시가총액은 '현재가×주식수'입니다. 2020년 6월 8일 기준 삼성전자의 시가총액은 '54,900×5,969,782,000=3,277,411억원'입니다.

종목을 선택할 때 저평가 종목을 고르고 싶다면 어떻게 해야 할까요? 이미 말한 바와 같이 주식은 미래 저평가 종목을 골라야 하는데, 일단 이것은 무시하고 현재 시점에서 저평가 종목을 어떻게 고르면 좋을까요? 가장 좋은 방법은 업종 평균 PER과 종목의 PER을 비교하는 겁니다.

SK하이닉스를 예로 들어보겠습니다. 다음 자료는 SK하이닉스와 반도체 업종의 PER을 비교한 것입니다.

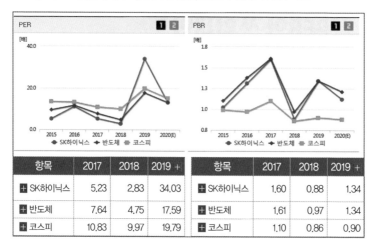

항목	2017	2018	2019 +
➕ SK하이닉스	5.23	2.83	34.03
➕ 반도체	7.64	4.75	17.59
➕ 코스피	10.83	9.97	19.79

항목	2017	2018	2019 +
➕ SK하이닉스	1.60	0.88	1.34
➕ 반도체	1.61	0.97	1.34
➕ 코스피	1.10	0.86	0.90

이 자료를 보면 반도체업종 전체 종목의 평균치와 SK하이닉스의 PER을 한눈에 볼 수 있습니다. SK하이닉스는 2017년부터 2018년까지는 반도체와 코스피 전체 평균보다도 PER이 매우 낮은 수준을 유지하고 있었고, 2019년은 주가가 올랐으나 실적이 하향해 PER이 평균치보다 더 높게 형성되고 있습니다. PER가 낮으면 저평가, PER이 높으면 고평가라고 이미 배웠습니다.

이렇게 업종 전체 평균치와 비교하는 방법이 있고, 또 한 가지는 업종 대표주와 비교하는 겁니다.

그럼 SK하이닉스가 저평가되어 있는지 구체적으로 한번 살펴보겠습니다.

■● 자료 3-4-2 SK하이닉스, 반도체 업종, 삼성전자의 PER 비교

항목	2017	2018	2019 +
➕ SK하이닉스	5.23	2.83	34.03
➕ 반도체	7.64	4.75	17.59
➕ 삼성전자	9.40	6.42	17.63

항목	2017	2018	2019 +
➕ SK하이닉스	1.60	0.88	1.34
➕ 반도체	1.61	0.97	1.34
➕ 삼성전자	1.67	1.09	1.49

한눈에 보기 쉽도록 편집을 해봤습니다. 이 표를 보면 SK하이닉스는 2017년과 2018년은 업종평균과 비교해도, 대표주인 삼성전자와 비교해도 저평가되었으나 2019년은 저평가 가치를 인정받으며 주가가 크게 오르면서 저평가 국면이 해소되었음을 알 수 있습니다.

이해가 되지요? 자신이 매수하려는 종목이 있다면 그 종목의 전체평균치나 대표종목의 평균치를 비교해보면 현재 저평가되어 있는지 고평가되어 있는지 판단 가능합니다. 물론 PER 한 가지만 가지고 저평가와 고평가를 논하기에는 무리가 있지만 기본적으로 종목을 선택할 때 유용한 기준이 될 수 있습니다.

그러면 바이오종목인 한미약품과 종근당을 한번 비교해보겠습니다. 아래의 자료를 보겠습니다.

■● 자료 3-4-3 한미약품, 종근당의 PER 비교

항목	2012	2013	2014	2015	2016
한미약품 ➕	44.74	22.26	29.18	49.21	136.72
의약품 ➕	34.92	18.88	38.24	34.23	52.94
종근당 ➕		145.28	17.48	N/A	24.01

당신이라면 어떤 종목을 고르겠습니까? 한미약품은 업종평균인 53을 상회하고 있고, 종근당은 업종평균과 대표종목보다 현저히 낮은 PER을 유지하고 있습니다.

또 한 가지 알아야 할 점은 PER은 업종마다 큰 차이가 있다는 겁니다. 업종별 PER을 몇 가지만 살펴보겠습니다.

■● 자료 3-4-4 업종별 PER 비교표

전기, 전자 ✚	11.97	8.25	9.63	10.21	12.33
증권 ✚	30.32	N/A	18.95	9.87	13.48
의약품 ✚	34.92	18.88	38.24	34.23	52.94
철강 및 금속 ✚	13.24	12.14	38.99	27.23	13.59
화학 ✚	12.32	24.40	26.84	20.14	12.26
IT H/W ✚	42.07	100.64	251.97	93.71	127.11
건설업 ✚	N/A	N/A	N/A	N/A	137.91

이 자료를 보면 업종별 평균 PER이 상당히 차이가 많은 것을 볼 수 있습니다. PER이 상당히 높은 업종들이 보이는데, 그만큼 실적에 비해 주가가 비싼 종목들이 많이 포진되어 있다는 것을 의미합니다.

PER이 단순하게 현재 PER이 무조건 낮은 회사를 선택하라는 의미보다는, 단순 비교대상이 있을 경우 저평가 기업을 고르기 위한 유용한 지표가 될 수 있다는 말입니다. 즉 바이오나 전기차를 비롯한 4차 산업의 성장성이 높게 평가되는 요즘은 이들 섹터는 상대적으로 다른 섹터들보다 평균 PER이 높을 수밖에 없다는 것도 이해해야 합니다.

주식투자의 기본은 저평가 종목의 선택이며, 그것을 바탕으로 재료와 모멘텀을 복합적으로 고려하고 평가해 투자를 결정하는 과정입니다. 저평가의 기준은 업종평균치, 그리고 업종대표종목과 PER을 비교하는 2가지 방법을 사용합니다.

저평가 종목만 골라서 성공투자가 될 수 있다면 아무도 주식투자에 실패하지 않습니다. 다만 PER에 대한 내용을 기본적으로 알고 있어야 너무 고평가 종목을 선택하는 실수를 피할 수 있고, 저평가라는 모멘텀 한 가지를 안고 투자에 임할 수 있는 이점이 있는 겁니다.

선택한 종목이 'PER이 상당히 낮은데 왜 안 가지?' 하고 의문을 가질 시간에 업종평균 PER이 얼마인지, 대표종목의 PER이 얼마인지를 비교해봐야 합니다. 이를 통해 주가상승의 모멘텀을 객관적으로 잘 판단해서 보유와 매도를 결정해야 합니다.

시가매매와 종가매매, 헷갈리지 마세요

시가매매와 종가매매는 왜 하는지 알아보고,
시가매매와 종가매매 방법에 대해 이해합니다.

주식거래를 하다 보면 시가매매와 종가매매를 한다는 사람을 간혹 보게 됩니다. '그건 또 무슨 말이지?' 하며 궁금할 때가 있습니다.

주식매매를 하는 방법은 다음과 같이 몇 가지가 있습니다. 첫째, 호가창을 보면서 사고 싶은 가격에 사고, 팔고 싶은 가격에 파는 보편적인 현재가 매매(일반적인 매매)입니다. 둘째, 시가매매와 종가매매입니다. 셋째, 주가가 급변하는 오전 9시~9시 30분과 오후 3시~3시 30분에만 매매하는 변동성을 이용한 매매입니다.

이번에는 시가매매와 종가매매에 대해 알아보겠습니다. 일반적으로 시가매매와 종가매매를 하는 이유는 다음과 같습니다.

- 오후 3시 20분 본장 종료 후 3시 30분 예상체결 가격 변동이 크게 발생하는 경우.
- 관심종목에 예상치 못했던 호재나 악재가 발생한 경우.
- 종가로 급등했거나 급락한 경우.
- 익일 시초가가 어느 정도 예측이 되는 경우.

시가매매와 종가매매는 초보자가 하는 매매 방법은 아닙니다. 어느 정도 경력이 쌓여 뉴스를 읽는 눈이 생기고, 재료를 주가와 연계시키는 능력을 보유했거나, 시황을 잘 파악하는 능력을 보유한 사람들이 쓰는 방법입니다.

발생한 재료가 연속성이 있을 것인지, 아니면 연속성이 떨어져서 고가에 시작에서 줄줄 아래로 흘러내릴 것인지, 이 정도 재료면 몇 % 정도 상승하고 하락이 가능할 것 같다는 예측이 가능해야 리스크를 줄여가며 시가매매와 종가매매가 가능합니다.

그래서 내가 꼭 사고 싶거나 팔고 싶은 종목이 있다면, 주문하는 방법은 같으므로 알아두면 좋겠습니다.

삼성바이오로직스 사례로 살펴보는 종가매매

이해하기 쉽게 예를 들어서 설명해 보겠습니다. 다음은 삼성바이오로직스의 종가 호가창과 차트입니다(2020년 7월 3일 종가).

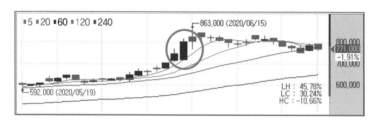

		1,069	775,000	■ 하한	551,000	차
		1,090	774,000	비용	2,159	뉴
		783	773,000	정적VI발동예상		기
		2,072	772,000	상승	875,000	다
		714	771,000	하락	715,000	권

■● 차트 3-5-2 삼성바이오로직스 일봉 차트

삼성바이오로직스는 글로벌 제약사들과의 수주계약금액이 상당 폭 증가하고 있으며, 정부에서도 IT와 더불어 국가미래 먹거리로 지원을 아끼지 않는 바이오섹터의 대표적인 회사입니다.

차트 3-5-2를 보면 2개의 지지선이 보입니다. 좌측에 보이는 긴 양봉의 절반지점과 다음날 음봉의 아랫꼬리 부근에 첫 번째 지지선이 있습니다. 그리고 긴 양봉이 나온 날과 그 전날의 짧은 양봉의 시가가 거의 같은데 그 시가 자리가 마지노선이 되는 두 번째 지지선입니다. 여기서는 첫 번째 지지선을 기준으로 설명하도록 하겠습니다.

현재 가격을 보면 최고가 86만원을 터치한 후 80만원 지지를 위한 주가 움직임이 있고, 일봉은 20일선을 기준으로 '양음양패턴'이 나오고 있으며, 차트는 지속적인 정배열구간을 형성하면서 5일, 10일, 20일 이평선이 집결되는 모습이어서, 곧 상승이든 하락이든 방향을 잡을 것으로 보이는 상황입니다.

특히 이 차트에서 눈여겨볼 지점은 3일전 종가를 최저가로 마감한 날입니다. 종가를 최저가로 마감하면 일반적으로 다음날 주가는 약세를 보이게 마련인데, 다음날 시가가 오히려 플러스로 시작하면서 양봉 마감을 했다는 것은, 이 종목의 시세는 계속 이어질 것이며 음봉을 두려워하지 않아도 된다는 겁니다. 따라서 이 종목의 양음양 패턴에 대한 신뢰도는 더욱 높아집니다.

매매를 하기 전에 가정을 합니다. 양음양으로 주가가 움직이고 있고, 80만원 아래에서 종가로 20일선을 살짝 깼다? 그럼 다음날 주가와 차트 모습은 아마도, 일봉은 양봉 가능성이 높고, 차트는 20일선 위로 복귀하려는 움직임이 있을 것이고, 주가는 80만원을 회복하려는 모습이 나타날 가능성이 예상됩니다. 이렇게 종가가 최저가 근처로 마감하는 날에 종가로 매수주문을 넣는 겁니다.

앞에서 설명했듯이 다음날 수익이 분명 창출될 것을 예상하며 종가로 매수주문을 넣는 것을 종가매매라 합니다. 만일 다음날 시가가 충분한 수익을 줄 만큼 상승해 형성되면 시가로 바로 매도하면 그게 또 시가매매가 됩니다. 그러면 시간상으로는 오후 3시 30분에 사서 익일 오전 9시에 매도하게 되어 거의 동시간 매매로 수익을 창출하게 됩니다.

이 종가매매와 시가매매 방법은 익일주가와 종목분석에 상당히 주관적 판단이 강하며, 차트분석이 어느 정도 수준에 올라선 투자자들이 매매하는 방법입니다. 따라서 보통 수준의 투자자는 종가매매를 기준으로 하면서 다음날 양봉을 노리는 매매가 보다 합리적 매매가 될 것입니다.

사례로 든 삼성바이오로직스는 음봉으로 설명했지만, 다음날 또 다시 상승할 것이 예상된다면 양봉으로 상승 마감한 종목에 종가로 진입하는 방법도 많이 사용합니다.

그럼, 종가로 이 종목을 무조건 살 수 있는 방법은 다음과 같습니다. 호가창만 다시 열어보겠습니다.

■● 자료 3-5-3 삼성바이오로직스 호가창

	1,069	775,000	■ 하한	551,000
	1,090	774,000	비용	2,159
	783	773,000	정적VI발동예상	
	2,072	772,000	상승	875,000
	714	771,000	하락	715,000
		770,000	3,234	
		769,000	2,630	
		768,000	2,271	
		767,000	2,261	
		766,000	4,645	

어느 주식을 매매하려는 생각이 있다면, 충동적으로 종목을 선택하면 안 됩니다. 얼마간의 시간을 가지고 미리 차트와 일봉, 주

가의 움직임을 눈에 익혀야 합니다. 그래서 때가 됐다는 확신이 들면 그때부터 분할로 서서히 진입하는 습관을 가져야 안정적인 매매를 할 수 있습니다.

이 종목 또한 종가매매를 한다는 가정을 가지고 있지만 다음날 아침에 살짝 더 조정을 준다는 가정 하에 나눠서 매수한다는 계획을 가지고 접근해야 합니다. 주식은 100%가 없으므로 절대 매수를 한방에 하는 방법을 사용하면 안 됩니다. 이 경우도 양음양이 예상되긴 하지만, 분할매수를 기본으로 하며 좌측으로 보이는 양봉 2개를 기준으로 손절가를 잡고 매매에 임하는 방법이 좋겠습니다.

오후 3시 30분 예상 체결가는 771,000원입니다. 당신은 이 종목이 내일 상승 혹은 양봉이 나올 것으로 기대하고 종가로 사고 싶습니다. 이 경우, 매수 주문을 얼마로 넣으면 매수가 될까요? 네, 771,000원 이상으로 3시 29분 59초까지 매수 주문을 넣으면 되겠지요.

그런데 나와 같은 생각을 가진 다른 투자자가 만일 773,000원에 대량 주문을 넣는다면 내가 주문한 물량은 체결이 안 될 가능성도 있습니다. 따라서 내가 이 종목을 종가로 무조건 매수하려는 계획이 있다면 예상 체결가인 771,000원보다 한참 위인 호가에 매수주문을 넣으면 됩니다. 78만원도 좋고, 80만원도 좋습니다, 이날 상한가인 1,021,000원에 매수주문을 넣어도 오후 3시 30분에 종가로 내 물량이 가장 먼저 체결될 것입니다.

SK바이오팜 사례로 살펴보는 시가매매

이번에는 시가매매에 대한 사례를 하나 들어보겠습니다. 2020년 7월 3일 SK바이오팜이 시장에 상장되었습니다. 증권사들이 예상한 SK바이오팜 기업가치는 약 5조~6조원이었으나, 시대에 걸맞는 바이오주에 대한 시장의 기대감에 힘입어 상장하자마자 폭등했습니다.

2020년 7월 3일 SK바이오팜의 종가 호가창입니다.

바이오 대장주인 셀트리온과 삼성바이오로직스의 시가총액이 각각 40조원과 50조원이므로 SK바이오팜의 시가총액은 최소 15~20조원까지는 단기간에 갈 수도 있겠다는 판단을 하고 있습니다. 2020년 7월 3일 현재 SK바이오팜의 시가총액은 13조원입니다.

다음날 상한가 가격은 '165,000×1.3'으로 계산하면 214,500원입니다. 그렇다면 주가는 20만원을 돌파하고 시가총액은 15조원을 넘어 20조원에 바짝 다가서게 됩니다. 다음날 주가도 아주 강할 것으로 상한가가 예상된다면 214,500원에 최대한 먼저 주문을 넣어야 할 것입니다(참고로 장전 시간외거래 주문은 오전 8시 20분부터 가능합니다).

따라서 8시 29분 50초부터 매수버튼을 눌러서 가장 빨리 매수주문이 접수되어야 9시에 가장 먼저 체결이 됩니다. 만일 시초가가 상한가가 아닌 그보다 낮은 가격에 시작된다면 시초가로 내 매수주문 물량이 체결될 것입니다.

만약 시초가로 매도하고 싶을 때는 반대로 생각하면 됩니다. 실적이 악화되거나 악재가 발생했다고 판단할 때 가격에 상관없이 매도하고 다른 종목으로 갈아타고 싶다는 결심이 선다면, 매도 주문을 가장 먼저 가장 낮은 가격에 하면 주문한 가격에 매도가 되는 것이 아니고 시초가로 매도가 됩니다.

이 원칙은 정규시장, 시간외 거래, 단일가 거래 등 모든 거래에 적용됩니다. 그러므로 초보자 여러분께서는 이번 기회에 잘 알아두면 두고두고 유용하게 사용할 것입니다.

뉴스는 꼭
챙겨봅시다

개인투자자의 약점인 정보의 부족을 극복하려면
매일 뉴스를 부지런히 읽고 투자에 접목시켜야 합니다.

우리 개인투자자가 기관이나 외국인투자자에 비해 가장 약한
부분이 무엇일까요? 그것은 바로 정보의 부족입니다.

매매기법의 차이는 그 다음입니다. 엄청나게 쏟아져 나오는 뉴
스를 투자에 연결시키고 모니터링을 통해 거짓·허위 정보를 추려
내는 내공을 쌓아야만 초보티를 조금은 벗어났다고 할 수 있을 겁
니다.

뉴스를 꾸준히, 그리고 진지하게 읽다 보면 시장의 흐름이 보입
니다. 그 흐름과 나의 예상 흐름이 어느 정도 괴리를 보이는지, 이
뉴스가 가진 허점이 무엇인지, 내가 무엇을 놓치고 있는지, 실수
의 반복과 수정의 반복을 통해, 그리고 최종적으로 심리적 통제능

력을 어느 수준까지 끌어올려야 이 험한 주식시장에서 당당하게 살아남을 수 있겠지요.

꾸준한 뉴스 읽기는 필수다

세상의 정보는 모두에게 공평하게 주어집니다. 물론 기관이나 외국인 투자자는 보다 구체적이고 정확한 고급정보를 입수할 수 있기 때문에 투자에 있어 개인보다는 상당히 유리한 측면이 있습니다. 하지만 적어도 개인투자자끼리는 어느 정도 공평한 정보가 주어집니다. 그런데 누구에게나 공평하게 주어진 정보는 그 사람의 해석능력에 따라 쓰레기통에 처박힐 수 있고, 보석 같은 정보로 둔갑할 수도 있습니다.

개인에 따라 정보를 주식투자에 이용하는 능력 또한 큰 차이가 납니다. 어떤 뉴스는 주가를 상한가에 보내기도 하고, 어떤 뉴스는 급등했다가 다시 급락하면서 단타매매자들에게 치명적인 손실을 입히기도 하며, 어떤 뉴스는 주가에 전혀 반영이 안 되기도 합니다.

그렇다면 어떤 뉴스를 어떻게 읽어야 하는지에 대한 궁금증이 자연스레 생깁니다. 처음에는 포털사이트인 네이버나 다음의 뉴스란을 열고 경제, 과학, 생활 등 닥치는 대로 읽기 시작합니다. 그러다 보면 자연스레 뉴스에 나온 해당 회사의 주가가 궁금해지고,

주가의 움직임을 살피게 되고, 이런 과정이 반복되다 보면 뉴스를 읽었을 때 그 뉴스가 주가에 어느 정도 영향이 있을지 차츰 감을 잡게 됩니다.

물론 이러한 과정이 단기간에 완성되지는 않습니다. 꾸준한 뉴스 읽기와 뉴스와 주가를 연결시켜 면밀히 관찰하는 노력이 뒷받침되어야만 가능한 일입니다.

미국 금리인상은
왜 좋지 않은 걸까요?

미국의 금리인상이 우리 시장에 미치는 영향을 공부하고,
금리인상과 달러의 상관관계를 알아보겠습니다.

아주 기초적인 내용이지만 모르는 분들을 위해 짚고 넘어갑니다. 금리인상을 하는 이유는 다들 아는 바와 같이 시중자금의 회수입니다.

금융위기나 코로나19와 같이 실물경제를 위협하는 사건이 벌어지면 정부는 경제를 살리기 위해 돈을 푸는 양적완화를 실시하게 되는데, 시중에 무지하게 풀린 돈을 회수하는 방법이 바로 금리인상입니다. 즉 돈이 많이 풀려서 자칫 인플레가 발생할 우려를 미리 차단하는 겁니다.

실제로 시중에 돈이 많이 풀리면 물가는 오르는 게 순리입니다. 오르는 물가를 잡기 위해서는 시중의 자금을 다시 금리인상을 통

해 중앙은행으로 회수해야 합니다.

그런데 미국이 금리를 인상하면 왜 우리나라 주식시장에 부정적인 영향을 주는 걸까요? 그 이유를 살펴보겠습니다.

미국 금리인상으로 인한 강달러

금리를 올리면 자금이 은행으로 많이 들어오게 되면서 시중에 달러화가 줄어들게 되겠지요. 그러면 자연스럽게 강달러가 형성되는 겁니다. 그래서 '금리인상=강달러'라는 공식이 성립됩니다.

강달러 현상이 발생하게 되면 우리 환율은 올라가게 됩니다. 즉 1달러 1,100원 하던 환율이 1달러에 1,200원으로 오르는 현상이 발생하면서 원화 약세가 나타나게 됩니다.

왜냐고요? 원화 1,100원이 있으면 자국에서 1달러로 바꿀 수 있었는데, 이제는 1,200원이 있어야 1달러가 되는 겁니다. 그러면 1달러를 벌려면 원화 1,100원이 아닌 1,200원이 있어야 한다는 겁니다.

개인투자자들이 수익률 몇 %를 우습게 여기지만 거대자금을 움직이는 트레이더들은 미국 금리인상으로 한국에서 주식투자를 하면 거의 10% 수익률을 앉은 자리에서 까먹게 되는 겁니다. 따라서 외국인투자자는 미국에서 금리인상으로 강달러가 실현되면, 한국에서는 주식을 팔아 위험을 회피하려는 움직임이 나타나므로 우리나라 주식시장에서는 악재로 받아들이게 됩니다.

　미국은 세계 기축통화로서의 달러 가치를 높게 유지하기 위해 강달러를 선호하고 있습니다. 하지만 너무 높은 강달러는 자국내 산업을 위축시킬 수 있기 때문에 급격한 강달러 정책 또한 배제하고 있습니다.

주식공부,
이렇게 해봅시다

주식투자는 끝없는 공부와 배움의 연속입니다.
열정만 있다면 당신도 주식투자를 즐길 수 있습니다.

　세상에 이렇게 주식만큼 어려운 게 또 있을까 싶습니다. 저도 30대 초반에 주식투자를 시작해서 한 가지를 참 오래도 한 것 같습니다.

　제가 주식공부를 시작한 2000년대 초는 코스닥이 대세상승을 마치고 기울기 시작하는 때였는데, 그때 주식을 한다고 나댔으니 결과는 너무나도 뻔했습니다.

　그 후 와신상담 복수의 칼을 갈았습니다. 세상에 태어나서 정말 고시공부를 할 때보다 더 열심히 주식을 공부한 것 같습니다. 그러나 결과는 만만치 않았습니다. 해도 해도 끝이 없는 게 주식공부인 것 같습니다.

그간 해왔던 주식공부 방법들

여기서 소개하는 주식공부 방법은 여러분들이 이미 다 아는 것일 수도 있습니다. 그래도 누군가에게는 분명 도움이 될 수도 있으리라 생각하기에 제가 그간 해왔던 주식공부 방식을 소개해보겠습니다.

1. 주식 입문서

주식입문서는 얇을수록 좋습니다. 얇은 책 한 권만 정독하십시오. 그 안에 해답은 절대 없습니다. 그냥 '주식이 이런 거구나' 느끼기만 하면 됩니다.

2. 네이버 경제 뉴스

네이버 경제 섹션에는 매일 엄청난 물량의 뉴스가 뜹니다. 양이 만만치 않지만 그래도 계속 읽어야 합니다. 시간이 날 때마다 계속 네이버 경제 뉴스를 보기 바랍니다.

3. 뉴스와 주가를 접목시키기

뉴스를 계속 보면서 이 뉴스는 주가에 어떻게 영향을 미칠지, 정보로서의 가치가 있는지, 아니면 그냥 지나가는 소식인지 판단해보고 종목의 주가를 확인하기 바랍니다.

4. 차트 돌려보기

제가 정말 열심히 공부할 때 일주일에 한 번씩은 꼭 전 종목 차트를 돌려봤습니다. HTS에는 차트만 계속 넘겨볼 수 있는 기능이 있는데, 계속 돌려보면서 눈에 담습니다. 주가를 움직이는 세력들도 나름의 패턴을 갖게 마련입니다. 차트를 계속 돌려보면서 여러 경우의 수가 담긴 차트를 본능적으로 체득해야 합니다.

5. 매일 상한가 종목을 검색하기

상한가는 모두의 꿈입니다. 그렇다면 주식하는 사람으로서 상한가 종목 검색은 매일 해야 합니다. 상한가를 검색하는 이유 중 하나는 시장의 수급을 관찰하기 위해서입니다.

6. 과거 급등주 차트를 돌려보기

예전에 대시세를 주었던 종목들의 차트를 검색합니다. 그리고 대시세의 시작 지점부터 끝나는 지점까지 차트를 정독합니다. 차트 정독은 매우 중요합니다.

7. 기본 재무제표 공부하기

우리는 회계사가 아닙니다. 그냥 부도나 상폐가 날 정도의 회사만 골라낼 줄 알면 됩니다. 지표가 성장한다고 해서 주가가 오르는 것도 아닙니다. 그렇지만 재무제표의 기본 정도는 알고 있어야 합니다.

8. 고수 따라하기

인터넷을 뒤져보면 나름 고수들이 숨어 있습니다. 그 고수들을 찾아내는 것도 여러분의 실력입니다. 그 사람들이 매매한 종목의 시점과 주가, 차트를 공부합니다. '그들은 그때 왜 매수했을까?'를 추적해보기 바랍니다. 같은 종목을 같은 기간에 매매해도 각각 수익률이 천차만별입니다.

여러 방법이 더 있겠지만 이 정도를 계속 반복하면 자연스럽게 주식과 친해지고, 주식의 생리를 이해할 수 있을 겁니다.

공부했다면 실전을 체득해야 한다

그 다음은 계속되는 매매를 통해서 손절과 익절을 자연스럽게 체득하는 겁니다. 대시세를 내면서 계속 상승하는 종목은 거의 없습니다. 작년에 벌었던 우량주 장기투자자들이 올해는 다 까먹는 게 주식시장입니다. 하지만 손에 들어온 수익을 지키는 방법을 익힌다면 계좌잔고는 꾸준히 늘어날 겁니다.

시대에 따라 주식공부하는 법도 일부 변경됩니다. 예전에 주식이란 것을 잘 모르던 1980~1990년대에는 차트만 볼 줄 알아도 고수였습니다. 대부분의 사람들이 주식을 몰라서 기술주들이 몇천 원 하던 게 수십만 원씩 뻥튀기 되던 그 시절에는 20일선과

60일선만 알아도 고수였습니다.

지금은 온갖 공개된 정보들 속에서 보석 같은 정보를 골라내야 하는 부지런함과 시대가 아주 빠르게, 그리고 정보가 아주 빠르게 주어지는 만큼 투자자 자신도 거기에 맞춰 빠르게 변화해야 정보에 뒤처지지 않고 뒷북치지 않은 투자가 가능합니다.

예전에는 포털의 경제면만 봤다면 이제는 IT 관련 포털을 검색해 그중에서 4차 산업의 정보를 캐내는 수고를 더해야 합니다. 네이버 경제면에 나오는 뉴스는 모든 뉴스가 토털되어 나오는 것이 아니라 네이버와 계약된 신문사들의 기사만 나오게 되므로 정작 내가 원하는 정보는 쉽게 얻을 수 없는 경우가 많습니다.

물론 변하지 않은 주식의 기본 정석은 있습니다. 일단 서는 법을 배워야 그 다음에 걷기도 하고 뛰기도 할 수 있지 않겠습니까? 처음부터 뛰어보겠다고 무작정 일어서서 달리려는 사람들이 대부분 넘어져 큰 상처를 입게 됩니다.

주식도 부지런한 사람이 잘합니다. 주식을 안 하겠다면 몰라도 더 잘하고 싶은 투자자는 절대 게을러지면 안 됩니다. 아니, 남들보다 더 부지런해야 하고, 학창시절 때보다도 더 열심히 공부해야 합니다.

주가가 지지부진할 때 체크해야 할 7가지

보유종목의 주가가 부진할 때 체크해야 할 사항입니다.
마인드만 확고하다면 불안에서 자유로울 수 있습니다.

기술적 분석과 테마주 매매가 판치는 현재 상황이라 해도, 주식 투자의 기본은 성장 가능성이 있는 기업에 투자하는 것입니다. 기업의 성장가능성은 그 어떤 재료, 어떤 테마보다도 강력한 상승재료가 됩니다.

그러나 우리나라에서 실적이 매해 지속적으로 꾸준히 상승하는 기업은 찾아보기가 어렵습니다. 그렇기 때문에 실적주에 투자한다고 해도 계속 상승하는 것이 아니라 상승과 하락의 흐름은 있게 마련입니다.

만일 내가 투자한 회사의 주가가 지지부진하거나 혹은 하락의 흐름을 보인다면 그 원인을 분석해 앞으로 계속 투자를 진행할 것인지, 아니면 과감하게 투자종목을 변경할 것인지를 결정해야 합니다. 여기서는 주가가 지지부진할 때 반드시 점검해봐야 할 7가지 사항을 알아봅니다.

주가가 지지부진할 때의 체크포인트

1. 관심기업의 매출과 영업이익이 줄어들고 있지는 않은지 체크

기업의 영업상황을 가장 잘 나타내는 부분이 매출과 영업이익입니다. 순이익 부분은 영업외 금융이익이나 지분평가액 등 영업외적 요인이 가미되기 때문에 큰 의미가 없고, 가능하면 매출과 영업이익이 증가추세에 있거나 반전이 가능한 상황에 놓인 기업을 선택해야 합니다.

재무분석과 더불어 시대를 주도하는 성장주에 관심을 가지는 것이 좋습니다. 즉 시대에 맞는 섹터, 요즘 같으면 전기차, 5G, 바이오, 반도체 등의 종목에서 재무구조가 우수하고 성장 가능성이 높은 회사를 선택하는 지혜가 필요합니다.

저평가되어 있다고 해서 주가가 오르는 시대는 이미 오래 전에 지났습니다. 이제는 숫자상으로는 좀 고평가되어 있더라도 성장성이 우수한 회사에 자금이 쏠리는 현상이 주류를 이루고 있으므로, 무조건 저평가가 아닌 매해 성장하면서 커가는 성장주를 기본으로 매매해야 합니다.

2020년 7월 현재 네이버의 PER은 77, 미국 테슬라의 PER은 800입니다. 그럼에도 자금은 더욱 몰리고 있고, 성장산업은 이제 저평가라는 개념의 잣대를 더 이상 들이대기가 어려워진 섹터가 된 겁니다.

KB금융의 PER은 4이고, 카카오의 2020년 예상 PER은 90입니다. 저평가라는 수치적 잣대만 들이대면 당연히 KB금융을 사야겠으나, 성장과 미래라는 잣대를 추가로 대입하면 당연히 카카오를 사야 합니다.

■● **자료 3-6-1 에스앤에스텍 매출 및 영업이익 추이**

IFRS(개별)	2017/12	2018/12	2019/12	2020/03	전년동기	전년동기(%)
매출액	539	610	845	251	175	42.8
매출원가	426	466	621	179	130	38.0
매출총이익	113	145	224	72	46	56.3
판매비와 관리비 ➕	88	93	113	33	26	29.7
영업이익	24	52	111	38	20	90.4

■● **차트 3-6-2 에스앤에스텍 일봉 차트**

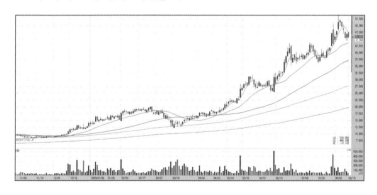

주가가 급등한 앞의 회사는 실적이 향상되면서, 정부의 이른바 '소부장' 지원 정책과 반도체 차세대 미세공정 euv 재료를 등에 업고 급등한 '에스앤에스텍'입니다.

성장할 것으로 예상되지만, 재무제표에 실제로 찍히는 숫자가 성장하지 못한다면 그 종목은 성장주라 할 수 없습니다. 따라서 투자자는 성장과 실적이 조화를 이루며 대중의 이목을 집중시키고 있는 회사에 더욱 관심을 가져야 합니다.

2. 신용과 대차 물량이 증가하고 있는지 체크

아래 종목은 신용이 지속적으로 증가하고 있는 모습입니다. 하루도 빠짐없이 신용이 증가하고 있습니다.

■● 자료 3-6-3 신용물량이 증가중인 종목

씨젠	종가	전일대비		거래량	신용	
					전일증감	잔고
2020/08/10	310,700	▼	1,500	1,161,698	+12,743	2,105,976
2020/08/07	312,200	▲	1,600	1,776,078	+6,669	2,093,233
2020/08/06	310,600	▲	32,600	4,385,391	+88,230	2,086,564
2020/08/05	278,000	▲	1,600	1,660,453	+71,704	1,998,334
2020/08/04	276,400	▼	13,500	3,835,720	+13,331	1,926,630
2020/08/03	289,900	▲	29,500	3,502,111	+7,717	1,913,299
2020/07/31	260,400	▲	16,700	2,813,101	+10,727	1,905,582
2020/07/30	243,700	▲	5,500	4,317,589	+34,034	1,894,855
2020/07/29	238,200	▲	21,000	5,278,074	+54,820	1,860,821
2020/07/28	217,200	▲	1,200	1,078,198	+4,327	1,806,001
2020/07/27	216,000	▲	7,500	2,803,278	+14,366	1,801,674
2020/07/24	208,500	▼	2,400	2,365,337	+234,426	1,787,308

신용이 증가한다는 것은 증권사에서 대출을 받아 주식을 사고 있다는 말과 동일합니다. 그러므로 빚내서 주식을 사는 투자자가 많은 종목은 주가 조정 시 반대매매를 우려한 투매가 나올 가능성이 있으므로 각별히 조심해야 합니다.

또한 해당 종목의 주가를 움직이는 세력의 입장에서 보면 빚내서 종목에 진입하는 개인투자자가 많아지면 자신의 몫이 적어지고, 개인투자자의 성향상 주가상승 시 매물로 바로 쏟아질 가능성이 있습니다. 그러므로 신용이 증가하는 종목은 가능한 피해야 합니다.

■●자료 3-6-4 대차물량이 증가중인 종목

| 일태오젠 | 종가 | 전일대비 | 거래량 | 신용 | | 공매도 | | | 대차 | |
				전일증감	잔고	수량	금액	비중	전일증감	잔고
2020/08/11	191,600 ▼	6,500	267,021	+1,671	414,499	132	25,295	0.05	+26,299	624,488
2020/08/10	198,100 ▼	1,900	196,979	+5,236	412,828	135	26,839	0.07	+21,474	598,189
2020/08/07	200,000 ▲	5,200	547,157	+712	407,592	512	102,008	0.09	-2,164	576,715
2020/08/06	194,800 ▼	500	195,975	+9,088	406,880	152	29,590	0.08	+50,698	578,899
2020/08/05	195,300 ▲	2,600	207,859	+6,635	397,812	144	28,082	0.07	-690	528,246
2020/08/04	192,700 ▲	3,100	578,483	+7,784	391,177	21	4,047	0	+10,328	525,936
2020/08/03	189,600 ▼	600	452,449	+294	383,393	299	57,596	0.07	+28,123	515,563
2020/07/31	190,200 ▼	15,800	1,025,597	+3,778	383,099	654	121,172	0.06	-14,689	487,440
2020/07/30	174,400 ▲	3,100	195,722	+4,888	379,321	82	14,339	0.04	+8,466	502,129
2020/07/29	171,300 ▼	3,800	172,150	+7,615	374,433	706	121,338	0.41	+34,467	493,663
2020/07/28	175,100 ▲	1,100	239,621	-1,796	366,818	187	32,552	0.08	+1,360	459,196
2020/07/27	174,000 ▼	3,300	336,970	+9,087	366,614	1,143	200,029	0.34	+25,147	455,526

위 종목은 대차물량이 급격히 늘어났습니다.

대차는 말 그대로 대주주나 주식대량 보유자로부터 물량을 빌려오는 것입니다. 빌려오는 이유는 딱 하나, 언제든 공매도를 칠 준비가 되어 있다는 뜻입니다.

대차는 이자를 지급해야 하기 때문에 결국 운용을 해서 수익을 내야 하므로 공매도로 활용할 가능성이 매우 큽니다. 그러므로 대차물량이 증가하면서 공매도가 증가하고 있지는 않은지 체크해야 합니다.

3. 향후 업종 전망이 어둡지는 않은지 체크

아래 차트는 한국의 대표적 철강 기업인 POSCO의 주봉입니다. 트럼프가 취임한 이후 '철강 무역장벽'을 쌓으면서 어려운 상황입니다.

■● **차트 3-6-5 POSCO 주봉(2018~2020년) 차트**

종목이 정말 기가 막힌 테마에 얽혀서 업종과 관계없이 강하게 간다면 모를까, 일반적인 경우라면 종목이 시장을 이기기는 정말 어렵습니다. 물론 그중에서도 실적이 좋아지는 종목이 있다면 그

이유를 분석하고 명확한 매수 이유를 찾아야 합니다.

이런 업종 전망은 시황과 밀접한 관련이 있습니다. 그러므로 주식투자자는 시장의 흐름인 시황을 바르게 읽는 능력을 반드시 키워야 하고, 자신의 예측이 시장의 흐름에 부합하는지 지속적으로 체크해야 합니다.

아래는 현대차 주봉입니다. 2012년 4월에 272,500원을 기록한 후 중장기 하락 추세가 이어지고 있습니다.

■● 차트 3-6-6 현대차 주봉(2014~2020년) 차트

2018년 중국에서 최악의 성적을 거두면서 현대차의 실적에 대한 우려가 퍼졌고, 2019년 유럽의 경기침체와 2020년 코로나19 사태, 국내 자동차 판매시장에서 외국차의 약진 등으로 여러 면에서 위기를 맞고 있는 매우 어려운 시황은 차트에 고스란히 남아 있습니다.

4. 테마주 성격이 너무 강하지 않은지 체크

아래는 정치 테마주입니다.

■● 자료 3-6-7 정치테마주 주가

분	종목명	현재가		대비	등락률	거래량
신	써니전자	3,995	▼	85	-2.08	21,422,071
신	안랩	57,900	▼	800	-1.36	344,761
신	에이텍티엔	15,200	▲	450	3.05	1,095,216
신	에이텍	16,350	▼	300	-1.80	939,305
신	프리엠스	7,100	▲	50	0.71	185,568
신	남선알미늄	5,800		0	0	5,569,597
신	이월드	4,000	▲	10	0.25	527,021
신	티케이케미칼	2,165	▲	10	0.46	575,078

위 종목들 중 재무상황이 좋고 저평가에 있는 종목들도 있습니다. 그러나 테마에 너무 강하게 엮이다 보면 저평가임에도 불구하고 테마 바람이 불 때만 잠깐 움직였다가, 곧바로 매수세가 빠져나가면서 주가가 다시 시들해지며, 실적이 좋으면 꾸준히 우상향하는 여타의 종목들과는 다르게 실적이 좋아져도 수급이 붙지 않고 주가가 정체되는 현상이 반복됩니다.

■● 자료 3-6-8 전쟁테마주 주가

빅텍	4,955	▼	5	-0.10	4,920,170	4,775	4,960	4,955	13,055,51
HRS	4,040		0	0	4,055,135	4,005	4,045	4,040	366,71
퍼스텍	4,170	▼	55	-1.30	4,225,245	4,150	4,170	4,165	578,72
포메탈	3,965	▲	95	+2.45	3,875,055	3,855	3,970	3,965	391,87
스페코	5,600	▼	50	-0.88	5,620,710	5,490	5,610	5,600	1,313,89
휴니드	12,650	▼	150	-1.17	12,800,850	12,600	12,700	12,650	42,11

빅텍, 퍼스텍, 스페코 등의 전쟁테마주도 마찬가지입니다. 실적이 좋은 회사들이 분명히 있음에도 불구하고 테마주 성격이 너무 강하다 보니 미국의 무기회사들이 실적으로 고공행진을 하는 것과 같은 움직임이 절대 나오지 못합니다. 한국 주식시장의 특징이라고 할 수 있습니다.

이러한 단기성 테마주들은 장기투자자보다는 단기투자자들이 많습니다. 그렇기 때문에 단타매매가 성행하고 조금의 주가상승에도 많은 매도 물량이 쏟아지기 때문에 주가가 지속적으로 상승하기 힘든 여건이 됩니다.

5. 전환사채 물량이 대기하고 있지는 않은지 체크

전환사채는 발행 당시 부채로 잡히고 주식으로 전환되면 그 금액만큼 자본으로 전환되는 사채입니다. 기업과 전환사채 투자자는 각자에게 매우 유리한 조건이 있기 때문에 기업과 사채투자자가 선호하는 사채이지만, 전환사채 발행 즉시 부채가 늘어나기 때문에 재무상태가 안 좋아지고, 주식으로 전환 시 상당한 물량 부담으로 작용하기에 해당 주식 보유자에게는 악재입니다.

회사에 투자하려는 사람이 있다면 회사는 가능하면 3자배정 유증을 합니다. 그러면 그 자금은 바로 자본금으로 잡히면서 재무상태가 좋아집니다. 3자배정 유상증자가 대상자를 못 찾으면 그 다음 전환사채를 발행할 대상자를 물색하고, 투자자를 못 찾으면 주주를 상대로 주주배정 유상증자를 하게 됩니다.

6. 시장에서 너무 소외된 업종은 아닌지 체크

주식에서 가장 좋은 재료는 실적이며, 그 다음은 종목의 재료, 그 다음은 수급입니다. 실적이 아무리 좋아도 시대적 요구에 맞지 않거나 투자자들의 관심 밖에 있다면 그 회사의 주식은 투자가치를 잃게 됩니다. 그냥 배당을 많이 받아가는 대주주만 좋은 거지요. 그러니까 배당 위주의 가치평가를 받는 종목들은 개인투자자가 접근하기에 적합하지 않을 수 있습니다.

주식시장에는 저평가되어 있는 업종이 존재하는데, 저평가되어 있다고 해서 그 종목이 향후 오른다는 보장은 없습니다. 개인투자자는 시간도, 돈도 많지 않습니다. 재미로 돈을 몇 년씩 오르지 못할 종목에 투자할 여유가 없습니다. 따라서 개인투자자는 전통업종보다는 IT, 5G, 바이오 등 성장성 섹터에 관심을 가져야 합니다.

7. 매수시 지금 자리가 고점이 아닌지 반드시 체크

가장 어려운 부분일 수도 있는데, 그 이유는 종목을 좋게 보면 여기가 고점인지 아닌지에 대한 판단력이 흐려지게 됩니다. 그래서 개인투자자들은 이미 다 공개된 정보도 아닌 정보에 현혹되어 고점매매, 급등주매매를 하게 됩니다. 습관적으로 급등주에서 눈을 떼는 훈련을 지속적으로 해야 합니다.

특히 개인투자자는 뉴스를 보고 사고파는 뒷북 매매를 하는 경우가 많은데, 뉴스에 많은 정보가 있지만 뉴스에 즉각 반응하기보다는 한 템포 쉬어가는 느낌으로 시간적 여유를 가지는 것이 좋습

니다. 급등주 단타매매를 하다가 치명적 손실을 보는 개인투자자
가 많은 만큼 고점 추격매수는 반드시 하지 말아야 할 행동입
니다.

앞에서 "실적도 재료"라고 말했는데, 실적은 꾸준한 우상향 차
트를 그릴 수 있는 최적의 재료가 됩니다. 실적은 엘리어트 파동
이니 뭐니 하는 파동이론과 관계없이 주가를 끊임없이 오르게 하
는 무한 에너지를 제공합니다.

따라서 실적이 지속적으로 향상되고 있는 회사는 고점을 쉽게
판단하면 안 됩니다. 테마주나 단기 뉴스재료 종목은 재료의 소멸
과 함께 주가가 크게 빠질 가능성이 크므로, 재료가 발생했을 때
어느 정도 파급효과가 있을지 예측하는 능력을 키워야 합니다.

■● **차트 3-6-9 전쟁테마주인 빅텍의 일봉 차트**

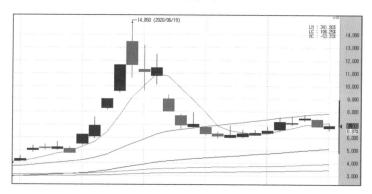

위는 북한의 갑작스런 도발 언행으로 급등했던 빅텍 차트입니
다. 단기 급등했던 주가가 재료 소멸로 급락하며 다시 제자리로

회귀했습니다. 하루에 수천만주씩 거래가 터졌다는 건 고점에 물려 있는 개인투자자가 엄청나게 많다는 의미입니다.

버틸 거라면 종목을 믿고 조금만 여유를 가지자

주식매매를 하면서 바닥에서 살 수는 없습니다. 내가 매수한 후 99% 일단 떨어진다고 보면 됩니다. 그래서 우리는 분할 매수로 대응하면서 매수 후 손실폭을 최대한 낮춰야 합니다.

언급했다시피 이유 없이 흘러내리는 종목은 기본 20%, 최악 30%까지 조정 후 무조건 다시 전고점까지 올라갑니다. 시장의 수급 불균형으로 조금 조정을 준다고 해서 섣불리 매도하면 안 됩니다. 못 견디겠으면 그냥 주가를 보지 마십시오. 종가만 보기 바랍니다. 그리고 2개월만 기다리면 됩니다.

10개월간 힘들다가도 재료만 있다면 2개월 올라서 수익을 주는 게 바로 주식입니다. 물론 종목을 잘 골라야겠지요. 종목을 믿고 조금만 여유를 가지면 됩니다.

대형주인 경우 조정의 발생은 실적전망이 어두운 경우, 급등한 후 조정에 들어간 경우 등이 있는데 대형주가 실적 전망에 따라 조정인 경우는 지체 없이 매도를 진행해야 합니다. 대형주는 추세적으로 움직이는 경우가 많으므로 가장 큰 악재인 실적 부진은 추세적 하향을 지속적으로 진행할 가능성이 아주 큽니다.

중대형주의 실적에 대한 부분은 종목의 뉴스 검색이나 주요 품목의 시장 상황을 검색해 애널리스트의 부정적 전망이나 주요 시세의 하락이 점쳐지는 경우, 길게는 몇 년을 주가가 부진 속에서 헤맬 수도 있으므로 면밀하게 분석하는 습관을 들여야 합니다.

손실이 발생중인 종목은 냉정한 판단을 내려야 합니다. 그냥 손절을 감행할 것인지, 수익권에 올 때까지 버틸 것인지, 손실을 최소화해 탈출할 것인지. 손실 후에 이를 복구할 방안에 대한 준비가 잘 되어 있느냐 그렇지 못하냐는 주식시장에서 성공적인 투자를 할 수 있는 매우 중요한 요소 중 하나입니다.

연속된 매매 실패는 복구하기 힘든 매우 심각한 상황을 초래할 수 있습니다. 그러므로 한 번의 매매 실패 후 빠르게 복구 가능한 포트폴리오(관심종목) 구성은 주식투자자에게 사전 필수 작업입니다.

초보자에게 유용한
보조지표 활용법

보조지표는 단지 후행지표일 뿐임을 알아야 합니다.
투자자는 기본에 충실한 예측 능력을 키워야 합니다.

주식투자를 할 때 가장 기본으로 삼는 지표는 당연히 그 회사의
재무재표이며, 이를 바탕으로 저평가 종목을 선정하는 것입니다.
이어 구체적으로 진입할 매매 타이밍을 잡기 위해서 기술적 분석
지표인 거래량과 봉, 그리고 이동평균선을 기초로 한 차트를 분석
하게 됩니다.

그 밖에 매매를 도와주는 보조지표들이 많이 있습니다. 모멘텀,
스토캐스틱, 일목균형표, MACD, 볼린져밴드 등 심리 및 추세의
전환을 그래프로 분석해 보다 정확한 매매 타이밍과 추세를 분석
하게 됩니다.

그러면 기관이나 외국인, 세력이 이 보조지표를 활용해 매매를

할까요? 아닙니다. 그들은 자금과 시간이 충분히 많고, 종목의 시세를 스스로 만들 수 있습니다.

후행지표에 의존하면 안 된다

투자의 기본은 기업의 실적과 재료의 분석입니다. 이 2가지만 분석하면 그들은 시세를 만들어가면서 스스로 충분히 수익을 낼 수 있습니다. 군이 보조지표까지 분석해가며 매매를 할 필요가 없습니다. 기술적 분석에 사용되는 각종 지표와 보조지표는 개인투자자 중에서도 소수만이 이용할 뿐입니다.

주식투자를 할 때 너무 많은 생각과 분석과 추측을 하면 투자의 속도가 느려지고, 각종 지표에서 보내는 부정적 신호에 민감해집니다. 그러면 매매가 잦아지고, 결국 주식투자는 실패로 끝나게 됩니다.

주식투자도 간결해질 필요가 있습니다. 국제시황과 관심을 가지고 있는 회사의 업종시황, 투자할 회사의 재무제표를 간략하게 조사한 후에 매매할 타이밍만 잡으면 됩니다.

차트분석의 기본인 거래량과 봉, 이동평균선도 제대로 분석이 안 되는데, 개인투자자가 보조지표까지 봐가면서 매매를 한다고요? 차트분석의 기본은 현재를 분석하는 것이 아니라 미래를 예측하는 겁니다. 즉 후행지표인 차트를 분석해서는 답이 안 나오며,

현재 차트를 보면서 향후 그려질 차트의 모습을 맞춰야 수익이 난다는 겁니다.

종목의 시세가 변하면서 차트는 만들어집니다. 즉 차트는 주가의 후행지표라는 겁니다.

그러면 성공적인 주식투자방법은 무엇일까요? 답이 나왔습니다. 종목의 시세 예측 능력을 키우는 겁니다.

종목의 시세를 맞춘다는 건 회사의 발전 가능성과 미래가치를 발견하는 작업이며, 당신이 미래가치 및 재료가치를 잘 분석한다면 앞으로 그려나갈 차트도 눈에 보이게 되는 겁니다. 손이 가리키는 달을 봐야지, 손가락 끝만 봐서는 달을 보지 못합니다.

전환사채(CB)가
도대체 뭔가요?

전환사채(CB)의 내용과 발행 후 주가에 미치는
영향에 대해 이번 기회에 잘 알아두기 바랍니다.

　주식투자를 하면서 수없이 듣는 전환사채(CB). 전환사채를 발
행하면 안 좋다던데, 전환사채물량이 나오면 안 좋다던데 등등 참
많이도 듣는 이야깁니다. 그런데 어떤 때는 오르기도 하고 어떤
때는 폭락하기도 하고, 그래서 참 헷갈립니다.

　알기 쉽게 간단하게 설명하겠습니다. 전환사채(CB)는 회사채의
일종으로 만기가 됐을 때 또는 만기 전에 주식으로 전환도 가능하
고 채권으로도 권리 행사가 가능한, 그러니까 '주식+채권'의 복합
적 성격을 띤 회사채입니다.

　채권자 입장에서는 주식으로도 전환가능하고 채권으로도 권리
가 가능한 회사채이니 선호도가 높습니다. 또한 발행자인 회사 입

장에서는 선호도가 높은 만큼 일반 회사채보다는 이자를 낮게 지급하며 발행할 수 있어 좋습니다.

■● **자료 3-7-1 두산인프라코어 CB 발행 뉴스**

두산인프라코어 (5,760원▼ 410 -6.65%)가 채무 상환 목적으로 24억원 규모의 전환사채(CB)를 발행했다고 2일 공시했다.

발행대상자는 신영증권과 미래에셋대우다.

전환가액은 주당 5489원이며 전환청구기간은 2021년 6월 8일부터 2023년 5월 8일까지다.

표면이자율은 2.81%다. 만기이자율은 4.76%다.

전환사채는 일반적으로 안정된 고정 수익을 낼 수 있어서 특히 각광받는 회사채입니다. 이자지급은 매달 또는 몇 개월에 지급하는 것이 보통이며, 요즘은 이자가 없는 전환사채 발행도 늘고 있습니다. 이자가 없는 전환사채라는 것은 말 그대로 성장하는 회사의 전환사채를 구매해 주가가 크게 오를 때까지 가져가는 겁니다.

전환사채 발행은 악재일까 호재일까?

전환사채의 만기는 보통 3년이 많습니다. 주식으로 전환가능한 시기는 일반적으로 발행 1년 후부터가 대부분이며, 전환사채 발행 후 1년 뒤 주가가 오르면 만기가 되기 전 주식으로 전환하는 경우가 많습니다.

만기가 되어 회사채의 이자를 받는 것보다 현재 주가와 전환가격의 차이가 많으면 주식으로 전환하여 수익을 챙기는 것입니다. 만일 만기 때까지 주가가 형편없으면 그냥 회사채 이자를 받는 겁니다.

전환가격은 보통 3개월마다 회사에서 발표하는데 '1. 1개월 평균가 2. 일주일 평균가 3. 기타 조건'이 있습니다. 이 중에서 가장 낮은 가격을 전환가격으로 산정해서 채권자의 수익을 보장해주는 경우가 대부분입니다.

전환사채의 발행이 악재인지, 아니면 호재인지는 발행 목적에 달려있다고 봅니다. 회사의 재무상태가 좋은데 전환사채를 발행하는 데는 분명 다른 목적이 있지요. 공장의 증설이거나 신규사업 진출이거나 타법인을 인수한다거나 등 이런 경우는 호재로 받아들여집니다.

반면에 회사의 재정건전성에 문제가 있는 회사가 전환사채를 발행한다는 건 손실이 난 돈을 메우는 것이므로(운영자금) 이런 경우는 악재로 받아들여집니다. 그러므로 주식투자자는 회사의 전환사채 발행 성격을 파악하는 게 우선입니다.

또한 전환사채가 발행된 1년 후부터는 주식으로 전환이 가능해 종목에 물량부담이 될 가능성도 크므로 유의해야 합니다. 전환사채가 주식으로 전환될시 전환가액과 현재 주가의 차이를 고려해 위험을 회피하는 노력이 필요합니다.

전환사채의 부작용들을 각별히 유의하자

전환사채의 부작용은 다음과 같이 크게 3가지로 볼 수 있습니다. 첫째, 부실한 회사의 전환사채는 회사가 문을 닫으면 자칫 휴지로 전락할 가능성이 있습니다. 둘째, 주가조작의 가능성인데 주식으로 전환 시 일정 수익을 회사에서 보장해주는 조건의 이면계약을 했다면 잠시 주가를 올렸다가 다시 폭락시키는 경우가 있습니다. 셋째, 전환시기에 주가를 폭락시켜 전환가를 낮춘 후 물량을 크게 확보한 후에 경영권을 위협한다거나 조가조작을 시도하는 경우도 있습니다.

전환사채를 발행하는 이유를 한마디로 이야기하면 기업에 돈이 필요한 겁니다. 기업이 자금을 조달하는 가장 좋은 방법은 영업을 잘해 사내에 쌓아두는 유보금이 많으면 됩니다. 그러므로 전환사채가 발행된다고 하면 이유가 어쨌든 주식투자자라면 일단 부정

■● 자료 3-7-2 CB 발행으로 주가가 하락했다는 뉴스

[특징주]신흥에스이씨, 500억원 규모 **전환사채 발행** 소식에 '**하락**'
이데일리 | 2018.11.20. | 네이버뉴스 ☑️
신흥에스이씨가 500억원 규모 **전환사채**(CB)를 **발행**한다는 소식에 하락세를 보이고 있다. 20일 오전 9시44분 현재 신흥에스이씨(243840)는 전거래일보다 1950원(-4.54%) **하락**한 4만1000원에 거래되고 있다. 이날 개장 전…

[TF특징주] 에스모, 100억 원 CB 추가 **발행**…'52주 신저가'
더팩트 | 2019.09.27. | 네이버뉴스 ☑️
장중 30% 가까이 **하락** 마감 에스모가 **전환사채**(CB) 추가 **발행** 결정 소식에 27일 종가 기준 30% 가까이 **하락**하며 52주 신저가를 경신했다. 이날 코스닥시장에서 에스모는 전일 대비 1640원(29.93%) 내린 3840원에 거래를…

적 시각으로 접근해서 보다 정확한 이유를 따져보는 습관을 가지는 게 아주 중요합니다.

　기사들에서 보는 바와 같이 전환사채는 발행할 때, 그리고 주식으로 전환될 때 모두 주가에 악영향을 끼치는 경우가 많으므로 보유중인 종목의 전환사채 발행이나 출회를 미리 사업보고서를 통해 반드시 확인하는 것이 좋습니다. 금융감독원 전자공시시스템에 들어가면 회사별로 사업보고서에 전환사채 유무확인이 가능합니다.

　아래는 '우리로'의 전환사채 현황입니다.

■● **자료 3-7-3 우리로 사업보고서 중 전환사채 현황**

(2) 당기말 현재 전환사채의 발행조건 등에 관한 내용은 다음과 같습니다.

(단위 : 천원)

구 분	2회차	3회차(*2)	4회차	6회차
발행형태	기명식 무보증 사모전환사채			
사채원금	9,000,000	5,000,000	2,500,000	5,000,000
상환 및 전환	(7,000,000)	-	(1,000,000)	-
잔여원금	2,000,000	5,000,000	1,500,000	5,000,000
조기상환청구금액의 범위(*1)	사채원금의 50%	사채원금의 50%	사채원금의 50%	사채원금의 100%
표면금리(%)	1.00	-	-	3.00
만기 보장수익률(%)	4.00	3.00	3.00	3.00
만기	2018.08.01	2018.09.02	2018.09.02	2019.10.28
전환가격(원/주)(*3)	1,799	2,071	2,071	2,367
전환청구기간	2015.08.01~2018.07.01	2016.09.02~2018.08.02	2016.09.02~2018.08.02	2017.10.28~2019.09.28
전환으로 발행할 주식의 종류	(주)우리로 기명식 보통주식			

　위의 자료를 보면 앞으로 시장에 나올 전환사채물량이 상당량 있다는 것을 알 수 있습니다.

번호	공시대상회사	보고서명	제출인	접수일자	비
1	囲 우리로	전환청구권행사 (제3회차)	우리로	2017.04.19	
2	囲 우리로	전환청구권행사 (제2회차)	우리로	2017.04.19	
3	囲 우리로	전환청구권행사 (제4회차)	우리로	2017.04.06	
4	囲 우리로	전환청구권행사 (제4회차)	우리로	2017.04.04	

이 자료를 통해 전환사채물량이 공시를 통해 쏟아져 나오는 모습을 볼 수 있습니다. 그러니 주가는 당연히 하락합니다.

상장회사는 자금이 필요할 때는 회사채를 발행하거나 유상증자를 합니다. 전환사채와 유상증자의 또 하나 다른 점은, 전환사채가 발행되면 그 금액만큼 일단 부채로 잡히게 되어 부채 비율이 높아진다는 것입니다. 즉 재무제표에 악영향이 생기게 되는 겁니다.

그러나 전환사채가 주식으로 전환되면 그 액수만큼 자본으로 전환되면서 재무상태가 좋아집니다. 유상증자는 발행하면 그 금액만큼 그대로 자본으로 편입되면서 재무구조가 좋아집니다.

유상증자는 주주배정 유상증자와 3자배정 유상증자가 있습니다. 주주배정은 일반적으로 제3의 투자자를 찾지 못했을 경우에 주주들에게 싸게 주식을 파는 행위가 되어 주가에 악영향을 미치게 되며, 3자배정 유상증자는 기업의 성장에 투자할 제3의 투자자를 유치한 것으로 인식되어 주가부양에 도움이 됩니다. 따라서 기업 입장에서 주주들의 피해를 줄이면서 투자를 받는 좋은 방법은 유상증자이며, 주주배정보다는 3자배정을 통한 유상증자를 실시해야 합니다.

자본감소(감자)의 실상을 알아둡시다

자본금이 감소되는 감자의 의미를 간략하게 알아봅니다.
자본금이 흔들리면 모든 재무지표가 흔들립니다.

A란 회사가 있습니다. 처음 시작할 때 500원짜리 주식을 1만주 발행했다고 가정합시다. 그럼 자본금은 500만원입니다. 그런데 1년 회사를 운영했는데 실적이 좋지 않아 적자가 2,000,000원 발생했습니다.

이를 간단히 정리하면 다음과 같습니다.

자본금 5,000,000원

잉여금 −2,000,000원

자본총계 3,000,000원

즉 자본금이 300만원 남게 되지요. 이것이 바로 자본잠식입니다. 외부에서 봤을 경우 실적이 엉망이고 재무재표가 엉망입니다.

여기서 회사는 재무재표를 다듬는 작업을 합니다(이게 감자입니다). 회사는 5:1 감자를 단행합니다. 그러면 자본금은 5분의 1로 줄고, 줄어든 만큼 자본잉여금이 늘어납니다.

이를 간단히 정리하면 다음과 같습니다.

자본금 1,000,000원

잉여금 2,000,000원

자본총계 3,000,000원

감자한 회사의 주식을 팔아야 하는 이유

회사의 내용을 자세히 들여다보지 않으면 초보 투자자는 이 회사가 적자회사였는지 알 수가 없습니다. 하지만 내용을 잘 안다면 이 회사의 주식은 가지고 있을 이유가 없지요. 그래서 감자한 회사의 주식은 팔아야 하는 겁니다.

이 회사의 자본금은 100만원으로 쪼그라들면서 향후 실적이 개선되지 않으면 자본 잠식이라는 상황에 또다시 직면하게 됩니다. 자본금이 감소하면서 부채비율은 엄청나게 증가하겠지요.

이 회사가 만일 다음연도에도 200만원 적자가 발생한다면 자본금 100만원을 다 까먹는 완전 자본잠식이 되어 상장폐지 조건에 속하게 됩니다. 따라서 상장폐지를 피하기 위해서는 자본금을 인위적으로 늘리기 위한 주주배정 유상증자를 할 수밖에 없고, 결국 주가는 또 다시 곤두박질칠 가능성이 많습니다.

감자는 이렇게 숫자를 만지는 겁니다. 자본감소(감자)는 한마디로 눈속임입니다. 그리고 감자를 실시한 회사는 이후에 유상증자를 할 가능성이 크다는 점도 알아야 합니다.

매매손실을 최소화하는 매매 노하우

개인투자자는 왜 저점매수에 사활을 걸어야 하는지,
한국 주식시장에 맞는 투자법은 무엇인지 살펴봅시다.

매매손실을 최소화하려면 어떻게 해야 할까요? 무엇보다도 감정에 휩쓸리지 말고 냉철하게 대응할 수 있는 매매 노하우를 가지고 있어야 합니다. 매매손실을 최소화하는 매매 노하우는 다음과 같이 4가지로 정리할 수 있습니다.

첫째, 가능한 저점매수하고, 추격매수는 지양해야 합니다. 고가에 계속 추격매수를 하다간 결국 큰 손실을 보게 됩니다.

둘째, 매수 후 상승종목은 그대로 보유해야 합니다. 물론 마디 부분에선 수익실현이 가능합니다.

셋째, 3회 분할 매수 후 하락종목은 2~3% 손절 라인에 칼같이 손절해야 합니다. 다시 상승하더라도 절대 미련을 두면 안 됩니다.

내가 최대한 저점분할매수를 했는데 또 3%가 하락한다면, 그것은 추세 전환이나 추세 붕괴를 의미할 수도 있습니다.

넷째, 부득이하게 물린 종목은 다시 상승해서 매수가에 오면 칼같이 매도해야 합니다. 그 이유는 심리적 안정을 찾기 위해서입니다. 손실상태에서 본전이 오면 일단 매도해 심리적 안정을 찾은 후 보다 낮게 재매수할 수 있는 포인트를 노려봅니다.

여기에 조금 부연 설명을 해보자면, 종목을 매수해서 그 종목이 플러스 수익률을 보이면 그대로 두고 불타기(추격매수)를 하지 않습니다. 군이 추격매수해서 평균매수 단가를 올리는 행동은 좋지 않습니다. 일명 불타기라고 해서 자신의 평균매수 단가보다 높은 가격에 추격매수하는 것은 투자심리에 매우 좋지 않습니다.

시장은 급변하고 종목의 예기치 않았던 악재가 나올 수도 있기 때문에 2~3% 손절 라인을 꼭 설정해야 합니다. 손절을 하지 않게 되면 다른 곳에서 복구할 자금이 묶이고 방치하게 되어 영원히 원금 회복이 불가능할 수도 있습니다.

그리고 매수 후 상승하는 종목은 수익을 항상 챙기는 습관이 중요합니다. 계속 보유하고 싶은 종목이 있으면 일부 매도해서 챙기고 조정 받으면 다시 사고 하는 식으로 매매해야 합니다. 일단, 매수 후 수익이 나게 되면 '더 올라가겠지' 하는 마음에 수익실현을 하지 않는 분들이 많이 있습니다. 그러나 계좌에 찍혀있는 금액은 숫자에 불과합니다. 매도해서 실제로 예수금으로 내 통장에 찍혀야 내 돈입니다.

최대한 낮은 가격으로 분할매수하자

그럼 손절을 하지 않으려면 어떻게 해야 할까요? 그렇습니다. 최대한 낮은 가격으로 분할매수해 단가를 낮춰야 합니다.

상하한가 폭이 30%로 넓어진 이후부터 개인은 리스크가 상당히 커졌습니다. 자세히 말하면 급등주와 급락주를 매매하는 개인은 리스크가 상당합니다.

1년 은행이자가 2%밖에 안 됩니다. 오르는 종목이 상한가를 갈 것 같지만 그건 나의 희망사항이고 바람일 뿐입니다. 주식은 확률에 베팅해야 합니다. 여기서 말하는 확률은 차트에, 실적에, 거래량에 고스란히 녹아 있습니다.

자, 아래 기사를 보겠습니다.

■● 자료 3-8-1 외인과 기관의 단타 관련 기사(서울경제PICK)

외인 기관이 개미보다 '단타' 더 친다
서울경제 **PICK** | 📷 19면 🔲 | 2020.06.22. | 네이버뉴스 | ☑
증권업계의 한 관계자는 "일반적으로 개인들이 단타 매매를 주로 하는 것으로 알려져 있지만 최근에는 기관이나 외국인이 데이트레이딩을 하는 경향이 짙다"고 말했다. 기관과 외국인의 데이트레이딩 비중이...

우량주와 가치주를 들고 무작정 가져가는 방법이 최고라면, 저들은 왜 저리 단타를 쳐댈까요? 무작정 단타로 대응하라는 말이 절대 아닙니다. 무전략에 개념 없는 단타는 그냥 단타질일 뿐이며, 인생을 망치는 가장 빠른 지름길입니다.

저들은 개인투자자들에게 중장기투자를 권유하면서 뒤로는 저렇게 단타매매를 많이 합니다. 한국 주식시장에 미국 주식시장의 TESLA, APPLE, AMAZON처럼 계속해서 오르는 종목이 몇 개나 있을까요? 계속해서 보유하면 10년 후에 수익을 줄 종목이 얼마나 될까요? 망하지 않으면 다행입니다.

투자금이 항상 부족하고 시세를 만들 수 없는 개인투자자는 어쩔 수 없이 매매를 해야 합니다. 매매를 할 때 매매의 기준을 미리 세우지 않으면 시세에 따라 우왕좌왕하게 됩니다.

우리는 현명한 투자자가 되어야 합니다. 실수를 인정할 때는 인정하고, 한국 주식시장에 맞는 매매 방식으로 매매해야 합니다.

환율로 쉽게 풀어보는 주식시장

환율의 변동에 따라 외국인이 어떻게 반응하는지,
그리고 우리는 어떻게 대응해야 하는지 공부합니다.

주식시장은 살아 움직이는 생명체라고 이야기합니다. 그만큼 주식시장은 복잡한 구조를 지니고 있고 변수 또한 이것저것 많아서일 겁니다.

주식투자의 기본은 실적이지만, 그 외 요소에 의해서도 시장이 복잡하게 움직입니다. 그중에서도 중요한 요인 중 하나가 바로 환율입니다.

요즘 미국주식에 직접 투자하는 분들도 상당히 많은데, 미국주식에 직접 투자하려면 양도세 문제도 검토해야 하지만 환율 변동에 따른 수익률 변화도 반드시 체크해야 합니다. 특히 요즘처럼 약달러 장세에서는 미국 시장에서 수익을 내더라도 양도세를 빼고 환차손까지 빼면 별로 남는 것이 없는 실속 없는 투자가 될 수도 있습니다.

환율은 모든 시장경제의 기초가 되며, 외국인의 국내주식투자에도 중요한 지표가 됩니다. 환율로 인해 주식시장이 뒤흔들릴 수도 있는 매우 중요한 대외변수이므로 주식투자자는 항상 환율의 변화를 체크해야 합니다.

환율과 주식시장의 관계

2015년과 2020년의 사례를 보며 환율과 주식시장의 관계에 대해 알아보겠습니다. 2015년 말부터 시작된 조정장에서 외국인은 지속적으로 시장에서 매도를 하는데, 그 이유를 환율과 연계해 알아보겠습니다.

■● 자료 3-9-1 원/달러 환율

| 원/달러 | 1,227.10 | ▲ | 10.50 | +0.86 | ▲ | 13.70 |
| 일본 엔/달러 | 113.91 | ▼ | 0.38 | -0.33 | ▼ | 3.09 |

미국인이 우리나라에서 주식을 매매합니다. 매매를 잘해서 수익 1억원이 발생해서 그 돈을 본국으로 보냅니다. 2015년 초의 환율이 1,050원 정도이고, 2016년 2월의 환율이 1,227원입니다.

그러면 2015년에는 본국으로 1억원을 가져가면 95,238달러였던 게 2016년 2월에는 81,500달러밖에 안 됩니다. 무려 약 15%의 차이가 발생합니다.

외국인이 우리나라에 주식투자를 해서 이익을 남겨도 환율로 인해 손실이 생기는 상황이 발생하게 됩니다. 그러니 외국인은 주식을 가지고 있을 명분이 없어지는 겁니다.

환율이 오르면 외국인은 한국 주식에 대한 투자 메리트를 상실하게 되며, 환율이 하락하면 한국 주식에 대한 메리트가 상승하게 되어 외국인의 수급이 좋아집니다. 항상 그런 것은 아니지만, 이것이 바로 환율과 지수 그래프가 거의 반대 모양을 그리게 되는 이유입니다.

아래 원/달러 그래프(주봉)와 코스피 주봉을 보면 완전히 반대로 가고 있지요?

■● 차트 3-9-2 : 원/달러 그래프 주봉 차트

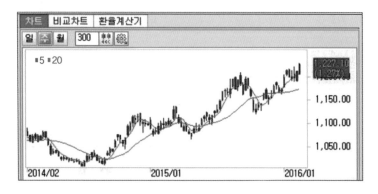

■● 차트 3-9-3 : 코스피 주봉 차트

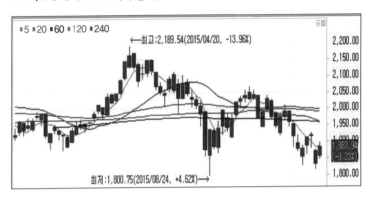

2020년 현재, 환율과 코스피그래프를 비교해보겠습니다(주봉
비교).

■● 차트 3-9-4 : 원/달러 그래프 주봉 차트

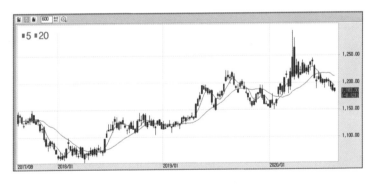

■● 차트 3-9-5 : 코스피 주봉 차트

2020년에 코로나19 사태가 발생하기 전에는 환율은 상승중이었고, 주가는 하락세였습니다. 그러다가 코로나19 발생 후에 환율은 하락세이며 주가는 상승세가 되어, 완전히 반대되는 양상을 보이고 있습니다.

환율의 급등이나 급락이 좋지 않은 이유

환율의 상승과 하락은 양면성이 있습니다. 환율이 상승하면 외국인의 자금은 증시에서 빠져나가고, 환율이 하락하면 외국인의 자금이 증시로 유입되는 효과가 있지만 수출로 먹고사는 우리나라 기업들은 장사를 잘하고도 환율 때문에 수익이 줄어드는 결과가 나타납니다.

환율이 상승하면 달러로 구입해야 하는 수입품원가가 높아지므로, 천연자원이 부족한 한국경제는 물가 인상의 위협을 받게 되나, 수출기업은 환율로 인한 채산성이 좋아져서 기업 실적에 좋은 영향을 미치게 됩니다. 반면에 원/달러 환율의 상승이 강달러의 영향이라면 미국은 자국내 기업의 실적에 부정적으로 환율이 작용하게 되므로 세계증시에 불안요소가 될 수도 있습니다.

주식투자자의 입장에서는 가능한 외국자금이 빠져나가지 않기 위한 환율 하락이 기대됩니다. 하지만 지나친 환율 하락은 국내 수출기업 실적에 부정적 영향을 끼쳐 다시 주식시장에 부메랑으로 돌아올 수 있어, 환율의 변동은 '좋다 나쁘다' 단정적으로 말하기 어려운 양면성이 존재합니다.

가장 좋은 시나리오는 환율의 변동성이 적어서 기업들이 투자 및 기업 활동에 불안 요소가 되지 않고, 투자자들도 안정적으로 주식투자에 임할 수 있는 상황입니다. 환율의 급등이나 급락은 시장의 안정성을 해치며, 기업 활동의 불확실성이 커지게 만드는 불안 요소가 됩니다.

주식계좌를 불려준
재료매매 사례들

주식시장의 가장 큰 재료는 실적, 그 다음은 모멘텀입니다.
모멘텀의 발생을 예측한 재료매매 사례들을 소개합니다.

저평가된 회사를 발굴한 후 장기투자하면서 주가가 상승해 본연의 가치를 회복하면 수익을 챙기는 가장 기본적인 투자원칙이다 맞으면 얼마나 편하고 좋겠습니까! 하지만 실제 주식시장은 저평가된 회사의 주식을 사도 생각보다 잘 움직이지 않는 반면, 전혀 예상치 못했던 부실주나 테마주가 급등하는 사례가 부지기수로 발생합니다.

그러다보니 기본 가치에 부합한 투자종목을 찾으려는 기본에 충실한 투자가 우리나라 주식시장에 과연 맞는 것인가 하는 의문을 갖게 됩니다. 결국 수많은 투자방법 중 우리나라 주식시장의 상황에 맞는, 가장 성공 확률이 높은 투자법이 바로 재료매매 투자법입니다.

가지고 있는 자금이 많고 고급 정보가 있는 기관이나 외국인투자자, 세력은 장기투자가 가능합니다. 하지만 시간도 없고 자금도 부족해 무작정 기다리는 장기투자가 어려운 개인투자자에게는 재료를 바탕으로 한 단기매매도 계좌를 불려줄 나름의 좋은 투자방법입니다.

"주식투자의 가장 기본은 재무구조가 아닌 수급"이라는 말이 있을 만큼, 많은 사람의 관심과 거래량의 증가는 정비례하면서 주가 또한 급등하는 경우가 많습니다. 다음에 소개하는 실제 투자 사례들을 통해서 어떻게 재료매매가 이루어지는지 구체적으로 알아보겠습니다.

사례 1 : YG PLUS의 블랙핑크 컴백

첫 번째 사례로 초대형 가수의 컴백과 이에 따른 길목 지키기 사례를 소개하겠습니다.

블랙핑크는 너무나도 유명한 와이지엔터 소속가수이고, YG PLUS는 와이지엔터가 대주주이며 와이지엔터의 음원 및 광고사업 등을 맡고 있어 2019년 영업이익은 적자를 기록했으나 블랙핑크가 컴백하면서 성장에 도움이 될 것이라는 판단으로 투자를 시작합니다. 다음은 당시 네이버카페에 올린 글입니다.

■● 자료 3-10-1 블랙핑크 관련 글(네이버카페)

[역전사투ˇ] 블랙핑크 컴백, 정규앨범 6월 발매 관련주

역전사투 카페매니저 □
2020.06.08. 10:39 조회 220

저는 투자에대한 조언만 드릴뿐 결정은 본인이 하는겁니다.

지난주 말씀드린.. 와이지엔터와 **YG PLUS**

■● 차트 3-10-2 YG PLUS 일봉 차트

차트 3-10-2에서 보듯 주가는 1,700원과 1,900원 사이에서 2개월간 힘을 모으고 있는 상황에서 블랙핑크의 컴백날짜는 시시각각 다가옵니다. 대형가수의 컴백이 연관 기업의 주가와 과연 어떻게 연동되는지, 그리고 이렇게 와이지엔터와 YG PLUS 중에서 어느 기업의 주가에 더 민감하게 반영될지는 꾸준히 뉴스와 주가를 모니터링하는 수밖에 없습니다.

320

■● 자료 3-10-3 블랙핑크 관련 뉴스(스포츠조선)

블랙핑크X가가 'Sour Candy', 영국 오피셜 싱글차트 17위 첫 진입
스포츠조선 | 2020.06.06. | 네이버뉴스
블랙핑크가 레이디 가가(Lady Gaga)와의 협업곡 'Sour Candy'로 영국 오피셜 싱글 차트에서 또 한 번 K팝 걸그룹 새 역사를 썼다. 5일(현지시간) 영국 오피셜 차트에 따르면 블랙핑크와 레이디 가가의 'Sour Candy'는…

■● 자료 3-10-4 블랙핑크 관련 뉴스(헤럴드POP)

블랙핑크X레이디 가가, 협업곡 'Sour Candy' 유튜브 송 차트 1위 기록
헤럴드POP | 2020.06.08. | 네이버뉴스
11억뷰를 돌파한 '뚜두뚜두 (DDU-DU DDU-DU)' 뮤직비디오를 비롯해 억대 뷰 콘텐츠 18편을 보유한 블랙핑크는 세계 음악 차트는 물론 유튜브에서 괄목할만한 성장세를 보이며 K팝 걸그룹 역사를 새로 쓰고 있다. 앞서…

블랙핑크의 컴백 성공 예감은 레이디가가와의 협업을 홍보 진행한 YG PLUS의 전략이 성공적이었다는 판단입니다. 이렇게 세계적인 스타를 이용한 마케팅은 종종 큰 성과를 거두는데, 해태제과의 허니버터칩이 유명인과 SNS의 홍보효과를 톡톡히 본 대박

■● 차트 3-10-5 이후 YG PLUS 일봉 차트

사례에 속합니다.

이후 흐름은 블랙핑크의 인기 지속 여부와 빅뱅·방예담의 컴백 결과 등 이어지는 후속 재료에 따라 추가 상승과 조정이 결정됩니다. 그 이후에는 차트 3-10-4와 같이 진행되었습니다.

이런 급등 종목은 블랙핑크의 성공적 컴백이 화제가 되면서 뉴스에 나오기 시작하고 주가 급등이 나오면, 재료의 소멸원칙에 따라 단기적으로는 수익을 실현하는 전략이 맞습니다.

사례 2 : 아시아경제의 자회사 상장

당시 팍스넷이라는 증권포털의 상장에 대한 관심이 높았던 상황에서, 아시아경제 본연의 가치에 더해 자회사의 상장이라는 복합적 재료를 주가상승의 모멘텀 발생으로 결론짓고 실제 투자에 나섰던 사례를 소개합니다.

- 아시아경제는 종합 경제지 중 유일한 상장사. 인터넷 부문 1위.
- 팍스넷 상장(예비심사 신청서 제출, 근시일내 상장 예정). 팍스넷 지분 60% 소유. 팍스넷 15,000원 상장시 400억원 이상 차익 발생.
- 크라우딩펀딩 선두주자(팍스넷). 창업과 청년 일자리 창출에 폭발적 확대 예상.
- 고용노동부와 '청년취업아카데미' 약정 체결. 11개 과정 운영중.

● 아시아경제 현재가는 공모가 3,600원에서 많이 빠져 있는 상태임. 팍스

넷 상장과 일자리 관련 이슈가 부각되는 것을 보면서 천천히 접근.

■● 차트 3-10-6 아시아경제 일봉 차트(재료반영 전 사전 매집구간)

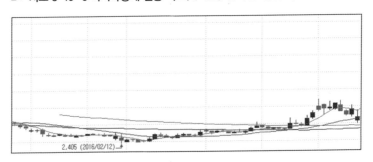

이후의 차트를 보겠습니다.

■● 차트 3-10-7 아시아경제 일봉 차트(재료반영 후)

　　관계사인 팍스넷의 상장과 지분을 파악한 후 상장모멘텀으로

접근한 사례입니다. 이처럼 재료주 매매는 미리 선점해 자리를 지

키고 있으면서 기대감으로 주가가 상승한 후 재료가 터지는 시기, 즉 재료가 소멸되는 시점에 수익 실현하는 것이 정석매매의 패턴입니다.

주식을 잘 모르는 초보투자자나 투기성향이 강한 투자자는 뉴스가 나오면서 주가가 크게 오르면 좇아가면서 고가에 매수하고 손절치기를 반복합니다. 이런 재료주 매매는 상당히 많은 종목에서 '재료 노출'시 수익을 챙기고 나와야 한다는 것을 입증해 왔습니다. 물론 이런 매매의 경우는 단기적 매매이며, 실적에 관련된 재료는 단기적으로 물량을 소화한 후에 더 크게 상승할 수 있는 경우도 많습니다.

따라서 개인투자자는 재료주 매매를 할 때 재료가 단발성 재료인지, 아니면 기간을 두고 몇 번 큰 반등이 가능한 재료인지, 재료 노출 후에 다시 크게 갈 수 있는 실적 재료인지를 잘 분석해 투자해야 합니다.

사례 3 : 언택트 관련주인 넥슨지티

2020년 3월 발발한 코로나19로 인해 전 세계 경제가 흔들리고, 시민들은 사람들과의 접촉을 피하면서 언택트 관련주들이 움직이고 있습니다. 이에 불안한 경제지표에도 불구하고 일부 바이오주, NAVER, 카카오, 엔씨소프트 등은 좋은 실적과 언택트 관련 대장주로 대접 받으며 사상 최고가를 갱신하는 중입니다.

코로나19는 단기간에 종식될 기미가 보이지 않기 때문에 관련 주들은 계속해서 주시할 필요가 있습니다. 그런데 아직 크게 상승하지 못한 종목 중에서 수혜주를 찾기로 했습니다.

■● 차트 3-10-8 넥슨지티 일봉 차트(재료반영 전)

엔씨소프트가 언택트 섹터 게임대장주 역할을 톡톡히 하면서 신고가를 경신하고 있습니다. 그럼 엔씨소프트와 양대 산맥을 잇는 넥슨 주식을 사고 싶어집니다.

넥슨은 최근 카트라이더 모바일을 오픈했고, 던전앤 파이터 모바일을 오픈할 예정입니다. 넥슨 주식 또한 일본에서 신고가를 돌파하는데, 우리나라 주식시장에는 상장되어 있지 않으니 매수할 방법이 없고, 그 대신에 넥슨의 자회사인 넥슨지티에 반사이익이 올 것을 예상합니다.

'던파 모바일' 中 사전예약 5천200만명 돌파
아이뉴스24 **PICK** 2일 전 네이버뉴스
넥슨 기대작 '던전앤파이터 모바일'의 중국 사전예약자가 5천만명을 넘어섰다. 우리나라 인
구와 맞먹는... 던전앤파이터는 **넥슨**의 국내 게임업계 매출 1위를 견인한 핵심 타이틀. 중국
에서 벌어들이는 연 매출 규모만...

넥슨지티는 카트라이더m이나 던전앤파이터m과 연관이 없으
나 언택트 관련주로 넥슨의 자회사이면서 던전앤파이터가 중국에
서 히트를 친다면 단기적으로 충분히 수익이 날 것으로 예상한 단
기매매용 종목입니다.

이처럼 마치 복싱에서 쉐도우복싱을 하듯이 주식투자에서도 미
래를 예상하면서 주가의 변화를 머릿속에 그리며 모니터링해나가
면 됩니다.

■● 차트 3-10-10 : 2020년 8월 11일 넥슨지티 차트

8천원선에 매수해 꽤 수익이 나 있는 상태이나 정점은 던파m이 출시되고 중국에서 런칭할 때나 혹은 큰 성공을 거두고 있다는 뉴스가 나올 때를 매도타이밍으로 봅니다. 전에 배웠던 '재료가 노출될 때' 수익을 챙기는 방법이 좋습니다. 수익을 챙기는 이유는 직접적인 실적의 뒷받침이나 재료의 연속성이 떨어지기 때문입니다.

사례 4 : 갤폴드 2 출시 관련주인 디케이티

당시 갤럭시 S20이 출시되었으나 코로나19 등의 여파로 전작에 비해 약 70% 수준의 판매량을 기록하며 부진을 겪고 있었습니다. 코로나19의 영향이 결정적이긴 하지만 휴대폰 판매량은 이미 포화상태에 이르러 삼성전자나 애플 등 휴대폰 판매업체들은 그에 대한 돌파구로 접는 폰(폴더블폰)의 개발과 판매에 집중할 것으로 예상되어 투자에 접목시킨 사례입니다.

■● **자료 3-10-11 갤럭시 폴드 관련 뉴스(중앙일보PICK)**

> **가격 확 내려서 130만원대…8월 초 '반값 갤럭시 폴드' 나온다**
> 중앙일보 **PICK** | 2020.06.25. | 네이버뉴스 | ☑
> 특히 보급형의 **가격**은 갤럭시 폴드(최초가격 239만8000원)에 비해 100만원 정도 내려갈 것으로 보인다. 삼성전자는 갤럭시 폴드 후속작에 이어 갤럭시Z 플립의 5G 모델까지 모두 3종의 폴더블 폰을 8월에 공개한다....

이미 출시된 갤폴드 1은 가격이 250만원선으로 소비자들에게 가격 부담이 있으며, 무겁고 두껍다는 부정적 의견이 많아 보다 저렴하고 얇은 폴더블폰이 출시된다면 포화상태에 이른 휴대폰시장에서 시장점유율을 증가시킬 수 있는 기회가 생길 것이므로 시장을 선점하기 위한 기술개발과 부품의 확보가 더욱 중요해진 상황입니다.

2020년 5월 20일 이 종목에 대한 코멘트 시작

■● 자료 3-10-12 디케이티 저평가 추천글(네이버카페)

[역전사투✓] 폴더블 저평가주...디케이티

역전사투 카페매니저 ◪
2020.05.20. 10:26 조회 427

저는 투자에대한 조언만 드릴뿐 결정은 본인이 하는겁니다.

현재 시총 910억... 최소 1500억 이상은 돼야..

연결 포괄손익계산서

제 9 기 1분기 2020.01.01 부터 2020.03.31 까지
제 8 기 1분기 2019.01.01 부터 2019.03.31 까지

(단위 : 원)

	제 9 기 1분기		제 8 기 1분기	
	3개월	누적	3개월	누적
매출액	95,431,277,603	95,431,277,603	50,713,494,503	50,713,494,503
매출원가	90,473,053,441	90,473,053,441	47,850,974,270	47,850,974,270
매출총이익	4,958,224,162	4,958,224,162	2,862,520,233	2,862,520,233
판매비와관리비	1,862,088,747	1,862,088,747	1,471,483,999	1,471,483,999
영업이익	3,096,135,415	3,096,135,415	1,391,036,234	1,391,036,234

차트 3-10-13을 보면 일봉 바로 위에 120일선 저항이 버티고 있는 상황입니다.

시장은 코로나19로 인해 바닥을 찍은 후 상당폭 반등이 진행되고 있었고, '공매도 6개월 한시적 금지 조치'로 시장은 개인투자자에게 우호적 상황이며 휴대폰 제조업체인 삼성과 애플, 화웨이 등은 폴더블 폰에 집중할 여건일 수밖에 없으므로, FPCB 기술과 Y-OCTA기술을 보유한 디케이티가 분명 수혜를 볼 것이라는 판단이었습니다.

디케이티 실적은 양호하며, 시가총액은 투자하기에 매우 안성맞춤인 상황입니다. 따라서 위에 버티고 있는 120일선은 무난히 돌파할 것으로 보이고 시가총액 1,500억원선을 1차 목표가로 설정합니다.

2020년 6월 19일 코멘트

주가는 코로나 상황과 북한의 급작스런 강경발언으로 시장이 얼어붙으며 방향을 못잡고 갈팡질팡하고 있으나 폴더블폰의 출시일이 다가오면서 분명 주가상승이 진행될 거라 확신합니다. 아래 자료는 2020년 6월 19일 카페에 제가 올린 글입니다.

■● 자료 3-10-14 폴더블폰 재료 관련 디케이티 재추천글(네이버카페)

폴더블폰 관련주.. 디케이티

역전사투 카페매니저
2020.06.19. 11:09 조회 277

저는 투자에대한 조언만 드릴뿐 결정은 본인이 하는겁니다.

폴더블 폰은 화면이 두개라 부품이 더 들어가고,,새로운 부품도 들어가야 합니다.
폴드블폰 관련주들 아래 제시해 드리며.. 갤럭시 폴더블 라이트가 기존 폴더블 반값에 8월 출시 예정이라 7월에는 주가에 반응이 올것으로 보입니다.

폴더블 관련주 주가는 반도체에 비해 아직 시작수준으로 보고 있습니다.

저는 그중에서 시가총액이 저렴하고 실적이 뒷받침되어.. 성장 가능성이 높은 '디케이티'를 주목합니다.

주가는 11,000원선에서 등락을 거듭하며 힘을 축적해가는 모습이며, 차트는 코로나로 인해 시장 전체가 급락하면서 역배열 진행 후, 반등이 나오면서 정배열로 바뀌는 과정 중에 있습니다.

2020년 7월초 코멘트

아래의 차트 모습은 1차 저항인 초록선을 돌파해서 최고 매물대인 12,000~15,000원에 진입한 상황입니다.

■● **차트 3-10-15 디케이티 차트 기술적 분석**

이 매물대 안에서 묵은 매물을 소화하는 시간이 필요하겠지만, 코로나 이전의 차트 상황을 고려해 판단하자면 현재 주가 자리는 박스(검정색박스)의 저점에서 양봉이 나온 것으로 판단되며 시간과 매물소화를 통해 고점 돌파가 충분히 가능해 보입니다.

디케이티처럼 실적과 재료가 바탕이 든든한 종목은 목표가를 세우고 투자를 진행하게 되는데, 그냥 묵직하게 목표가를 달성할 때까지 가져갈 것인지, 이미 학습한 대로 지지와 저항, 전고점에서 대응방법 등을 고려해 변곡점 매매를 병행할 것인지는 본인이 결정해야 합니다.

이후 모습은 다음과 같습니다.

■● **차트 3-10-16 급등하고 있는 디케이티 차트**

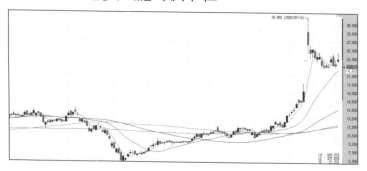

종목의 재료를 바탕으로 일정기간 계획을 세워 단기 투자하는 방법은 뉴스를 읽는 힘과 약간의 노력, 재료의 크기를 가늠할 수 있는 경험을 바탕으로 시간 투자할 수 있는 끈기만 장착한다면 개인투자자들도 수익을 창출할 수 있는, 충분히 승산이 있는 투자방법이 될 것입니다.

소형 고가 바이오주인
셀리버리 투자사례

개인투자자가 저가주식 선호현상에서 벗어나야 하는 이유,
고가주 매매를 해야 하는 이유에 대해 알아봅니다.

 바이오주는 반도체, IT, 전기차 섹터와 함께 대한민국의 미래를
이끌어갈 선도산업으로 각광을 받고 있습니다. 코로나19 사태 때
진단키트의 세계화에 성공해 대한민국을 전 세계에 알리는 홍보
대사 역할도 톡톡히 해낸 바이오주는 셀트리온, 삼성바이오로직
스, 씨젠 같은 소수의 우량바이오기업을 제외한다면 부실한 재무
상태와 불투명한 임상진행과정, 연구개발보다는 주식장사로 연명
하는 기업의 부도덕한 행태로 인해 투자자의 외면을 받고 있는 것
도 사실입니다.
 바이오회사는 임상기간이 상당히 길며 성과가 나오는 시간이
오래 걸리므로 어느 섹터보다도 더 정보공개에 투명해야 합니다.

또한 도덕적으로 정직을 요구하는 산업이므로, 주식투자자도 바이오주를 고를 때는 투명성과 정직성을 기준으로 선택해야 합니다. 바이오주는 조금 비싸더라고 상당한 임상기간을 거쳐 조만간 성과가 나올 수 있는 회사를 선택해 투자기간을 줄이는 효율적 투자방법을 선택하는 것이 좋습니다.

바이오주는 저가주보다는 고가주 위주로

셀리버리 투자재료는 췌장암 항암신약 iCP-SOCS3, 파킨슨병 치료신약 iCP-Parkin, 약리물질 생체 내 전송기술 TSDT 등입니다. 투자하기 전에 뉴스를 검색해 이 기업이 얼마나 투명하게 정보를 공개하는지, 연구개발에 얼마나 공을 들이고 있는지 등을 조사합니다.

■● 차트 3-11-1 투자시점에서의 셀리버리 일봉 차트

기술적 분석으로 본다면 차트는 꾸준히 우상향하는 모습을 보이고 있으면서 군데군데 물량을 매집한 흔적도 보이고, 코로나로 인한 순간 급락을 제외한다면 박스권에서 저점을 높이며 물량을 모아가는 형태이기 때문에 박스 하단인 9만원 이하에서 매수하기로 결정합니다.

개인투자자는 저가주를 선호하는 경향이 강한데, 시장에서는 실제로 저가주보다는 고가주가 시세의 탄력성이 더 강하며 상승 가능성이 더 높습니다. 셀리버리도 시세를 높여가면서 물량을 매집한 사례이므로 추가적인 상승이 예측가능한 상황입니다.

투자 이후의 셀리버리 움직임을 보겠습니다.

■● **차트 3-11-2 투자 이후 셀리버리의 움직임**

바이오주의 미래 가치에 대해서는 사실 예측하기가 거의 불가능한 부분이라 할 수 있습니다. 임상이 실패하거나 계획이 제대로 진행되지 않는다면 기업의 가치는 제로에 가까워질 수도 있으나

임상을 성공적으로 마치고 기술수출을 진행하거나 자체 유통망을 통해 판매가 진행된다면 엄청난 기업가치의 상승을 불러올 수도 있습니다.

고가주는 나름대로 시장에서 기업의 가치를 객관적으로 인정받고 있음을 뜻합니다. 특히 바이오주와 같이 미래 불확실성이 강한 업종의 경우에는 저가주보다는 고가주 위주로 투자를 진행하는 것이 좋습니다.

관심종목 포트폴리오,
잘 구성해야 합니다

포트폴리오는 주식투자 전쟁에 나서는 나의 무기입니다.
이 무기가 잘 정비되어 있어야 싸움이 가능합니다.

주식시장에는 2천 개가 넘는 회사가 상장해 있습니다. 수많은
종목이 상승하고 하락하며, 하루에도 엄청나게 많은 종목 정보가
시장에 쏟아져 나옵니다.

회사의 주가는 뉴스에 민감하게 반응하고, 정부의 정책 방향에
따라 해당 회사의 주가는 급등락을 거듭하게 됩니다. 개인투자자
들은 주가의 급등락 원인과 시장의 흐름을 이해하기 위해서 종목
포트폴리오를 잘 구성해놓아야 합니다.

개인투자자들은 많은 정보를 받아들이기도 어렵고, 받아들인
정보를 활용하는 데도 미숙합니다. 주식시장에서 정보의 활용은
개인차가 많은데, 정보를 얼마나 잘 정리해놓았는지에 따라서 현

재 시장의 흐름을 이해하고 미래의 주가흐름을 예측하는 데 상당한 도움이 됩니다.

종목 포트폴리오는 관심종목 구성을 어떻게 하느냐와 일맥상통합니다. 관심종목은 테마주 섹터별로 구성합니다.

주식시장에서 테마는 정말 많습니다. 다음은 ○○○증권사의 HTS에 분류해놓은 테마들입니다.

■●● 자료 3-12-1 통합 증권사 테마주 분류 현황

테마명	테마명	테마명
유전자 치료제/분석	2020 하반기 신규상장	철강 중소형
증강현실(AR)	마이크로 LED	모바일솔루션(스마트폰)
코로나19(진단/치료제/백신 개	치매	줄기세포
인터넷 대표주	주류업(주정, 에탄올 등)	태풍 및 장마
백신/진단시약/방역(신종플루,	제4이동통신	사물인터넷
핵융합에너지	바이오인식(생체인식)	강관업체(Steel pipe)
여행	日 수출 규제(국산화 등)	공기청정기
2차전지	3D 낸드(NAND)	보톡스(보툴리눔톡신)
가상현실(VR)	스마트카(SMART CAR)	지능형로봇/인공지능(AI)
갤럭시 부품주	MLCC(적층세라믹콘덴서)	제대혈
모바일게임(스마트폰)	건설 중소형	4차산업 수혜주

일부만 발췌했음에도 상당히 많은 수의 종목테마가 있습니다. 전체적으로는 100개가 넘는 테마가 있는데, 과연 이 많은 종목테마가 관리가 될 것이며 활용이 가능할지 의문입니다.

따라서 개인투자자는 시대에 맞는, 정부정책에 맞는 종목들을 효율적으로 잘 구성해놓아야 합니다. 그래야 시장의 흐름을 이해하고 수익이 나는 투자 포트폴리오가 됩니다.

관심종목 포트폴리오의 실제 구성

시장의 흐름은 항상 변하고, 정부의 정책도 바뀝니다. 따라서 투자자는 항상 모든 뉴스에 귀를 기울이고 시대의 흐름에 뒤쳐져서는 안 됩니다.

테마에는 자동차, 철강, 조선, 은행, 증권 등 전통산업과 금융주들도 있지만, 시대의 흐름에 맞춰 한국의 영원한 먹거리 반도체와 4차 산업의 핵심인 전기차, 바이오, 코로나19 관련주, 원격진료, 게임주 등 10개 섹터 이내로 최대한 간략하게 구성해야 합니다. 너무 많은 관심종목 포트폴리오는 오히려 집중력을 흐트러뜨리고, 투자자를 우왕좌왕하게 만들 수 있습니다.

실제 포트폴리오 구성의 예를 들어보겠습니다.

■● **자료 3-12-2 전기차 테마주 분류 예**

〈 관심종목		정규장 :		⊞² ⚙ ▯
반도체 **전기차** ddr5	바이오	코로나19	대선주 ˙	∨

종목명 ⬍	현재가 ⬍	대비 ⬍	등락률 ⬍
LG화학 ⬄ 대장주	635,000	▲ 67,000	11.80%
삼성SDI	414,500	▲ 17,000	4.28%
포스코케미칼	78,400	▲ 2,800	3.70%
씨아이에스 전고체	5,840	▲ 190	3.36%
에코프로비엠	146,900	▲ 6,700	4.78%
피엔티	15,850	▲ 1,300	8.93%
센트랄모텍	27,100	▼ 750	-2.69%
우리산업	20,000	▲ 750	3.90%
코윈테크	24,250	▲ 400	1.68%

초록색 박스는 관심종목 포트폴리오입니다. 차례로 반도체, 전기차, ddr 5,바이오, 코로나19, 대선주 등이 보입니다.

전기차를 열어보니 아래에 종목포트폴리오가 구성되어 있습니다. 맨위에는 전기차 대장주인 LG화학과 삼성SDI가 보이고, 그 밑으로는 전기차 베터리 중 전고체 관련주가 유망해 전고체 관련주를 차례로 배치했습니다.

■● **자료 3-12-3 코로나19 테마주 분류 예**

종목명		현재가	대비		등락률
씨젠 ⬅ 대장주		289,900	▲	29,500	11.33%
피씨엘		22,350	▲	4,300	23.82%
수젠텍		55,300	▲	3,300	6.35%
랩지노믹스	진단키트	53,500	▲	1,200	2.29%
EDGC		19,550	▲	3,150	19.21%
휴마시스		16,600	⬆	3,800	29.69%
바디텍메드		22,200	▲	1,150	5.46%
엔지켐생명과학		145,200	▲	1,900	1.33%
진매트릭스	치료제	17,450	▲	750	4.49%
부광약품		36,300	▼	700	-1.89%
신풍제약		73,500	▲	4,500	6.52%

자료 3-12-3은 코로나 테마주를 포트폴리오 구성한 예입니다. 맨 위에는 대장주인 씨젠이 자리 잡고 있으며, 그 아래로 가장 유망한 진단키트 관련주가 있고, 그 아래는 치료제 관련주, 그 아래

에는 마스크 관련주가 배치되어 있습니다.

이처럼 시대에 맞는 관심종목과 관련종목 포트폴리오가 구성되어 있어야 합니다. 그래야 시대의 흐름과 시장의 흐름에 뒤쳐지지 않고, 오늘은 어느 섹터가 좋았고 어느 섹터가 나빴는지에 대한 분석이 가능해 향후 자신의 보유종목 포트폴리오를 어떻게 구성할 것인지에 대한 계획이 세워집니다.

관심종목 포트폴리오는 한 번 만들고 끝이 아닙니다. 정부의 정책, 새로운 테마의 출현과 기존 테마의 퇴보, 업황의 변화 등에 따라 지속적으로 업데이트를 해야 합니다.

주식투자의 진짜 매력은
바로 이것!

단타매매를 주로 하면서 하루하루 일희일비하는 것은
돈과 심신을 모두 고갈시키는 무지한 투자기법입니다.

주식투자를 통해 큰 돈을 벌어 유명해진 분들을 보면 공통점을
발견할 수 있습니다. 분석을 통해 저평가된 회사를 발굴하고, 분
할매수를 통해 꾸준히 주식을 모은 후 회사가 본연의 가치를 찾을
때까지 인내하며 기다리는 것입니다.

물론 무작정 기다린다고 해서 저평가된 회사가 다 제 가치를 회
복하는 것은 아닙니다. 기다림에는 여유가 필요합니다. 시간적 여
유도 있어야 하고, 금전적 여유도 있어야 기다림이 어렵지 않습니
다. 그래서 기다림은 아무나 할 수 있는 일이 아니기도 합니다.

저평가된 회사의 적정가치를 산정하고 오랜 시간이 지난 후 그
회사가 내가 예상한 가치를 회복했을 때 내 예상이 맞았음이 확인

되는 순간이 온다면 어떨까요? 그때 찾아오는 희열은 주식투자의 꽃이라 할 수 있습니다.

카카오의 주가흐름은 그야말로 정석패턴

■● 자료 3-13-1 카카오 관련 글(네이버카페)

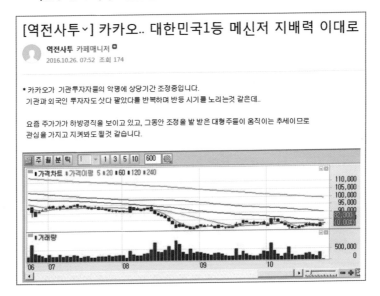

이 자료는 카카오가 실적부진으로 장기간 역배열 상태로 하락하고 있을 때 뉴스와 실적, 시장 상황을 고려한 결과 이제는 서서히 저점매수를 시작하고 장기투자를 진행해야 될 듯해서 운영중인 네이버카페에 올린 글입니다.

[역전사투˅] 올해는 어쩌면 카카오의 해가 될수도..

역전사투 카페매니저 ▣
2017.01.04. 14:27 조회 220

• 카카오가 그동안 엄청난 고생을 한 종목인데, 기본 인프라가 확실한 만큼 계속 주시한 종목입니다.

어제 오늘 일봉, 주봉상 추세를 확실히 벗긴상황..

알리페이합작법인에 관한 이슈도 있고, 올해는 실적도 좋을것이란 전망이 많습니다.

이런경우는 조정을 이용해서 진입 후 길게 보는 안목이 필요합니다.

아래 카카오의 차트를 보면 지금까지 우리가 이 책에서 지금까지 배웠던 많은 기본사항이 들어가 있습니다.

■● 차트 3-13-3 카카오 일봉 차트(상승초기 국면)

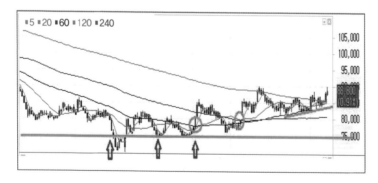

실적이 차츰 좋아지는(펀더멘탈의 변화) 종목이 그동안의 어려움을 딛고 3중바닥을 완성한 후 5일 이평선이 60일 이평선을 돌파하며 바닥에서 시세를 돌려세우는 움직임이 보입니다.

단기 상승지점에서의 추격이 아닌 이격이 줄어든 지점에서의 매매, 최근에는 단기 저점을 높이는 움직임까지! 이론적으로 정석 패턴을 가져가는 흐름이라면 주가도 시간이 지남에 따라 상당부분 상승 움직임을 보일 가능성이 커진 상황입니다.

주식투자의 기본은 펀더멘탈의 변화가 생기면서 주가의 움직임에 영향을 미칠 수 있는 모멘텀이 생기는 기업의 포착입니다. 그러한 종목을 바닥부근에서 잡아 펀더멘탈이 최고조에 달하는 부근에서 이익실현을 하고 다른 종목을 또 찾는 겁니다.

단타매매를 하면서 하루하루에 일희일비하는 것은 정력낭비이자 정신력의 소모를 담보로 한 무지한 투자기법입니다. 단타매매

■● 차트 3-13-4 카카오 일봉 차트(본격상승 국면)

는 내가 세력이 되지 못한다면 승산이 없는 게임입니다.

차트 3-13-4에서 2020년 현재 카카오의 모습을 보면 대단하지 않나요! 카카오는 '국민플랫폼'이라는 명성을 얻으면서 사업 분야를 다양하게 넓혀가고 있으며, 실적이 뒷받침되면서 수급이 좋아지고 꾸준한 주가상승흐름이 이어지고 있습니다.

2021년 주목해야 할
투자섹터 7선

주식은 현재가 아닌 미래의 꿈을 먹고 자랍니다.
앞으로 주목해야 할 섹터에 대해 소개하겠습니다.

주식투자는 미래를 예측하고 맞추는 작업입니다. 어떤 산업이 앞으로 부흥할지, 어떤 회사가 투자가치가 있는지를 알아야 하고, 그 외에 환경·교육·문화·예술 등 다양한 분야의 미래가치를 예측해야 합니다.

빠르게 업그레이드되면서 변하는 진화의 속도를 누가 잘 예측하고 대응하느냐에 따라 투자의 성공과 실패가 결정됩니다. 모든 산업의 부흥주기는 점점 짧아지고 그에 따른 기업의 가치도 빠르게 변화하기 때문에 주식투자자는 그 변화에 민감하게 반응해야 하며, 변화의 속도를 따라잡을 준비를 항상 하고 있어야 합니다.

주도 섹터에 돈을 묻어야 큰 수익이 보인다

1. 전기차

- 유럽연합(EU) 본부가 있는 벨기에 브뤼셀 시내에 2030년까지 경유차·휘발유차 통행 제한 목표.

- 서울시 2035년부터 경유, 휘발유 등 내연기관 자동차 등록 불허 예정.

- 세계는 친환경 전기차와 수소차 개발에 주력.

- 관련종목 : LG화학, 삼성SDI, 씨아이에스, 포스코케미칼, 에코프로비엠, 피엔티, 명성티엔에스, 엘앤에프, 신흥에스이씨, 우리산업, 센트럴모텍, 코윈테크, 코스모신소재 등.

2. DDR5

- 2020년 7월 14일 DDR5 표준규격 발표 예정.

- DDR5 메모리가 2021년 서버 및 PC에 실릴 예정.

- DDR5는 DDR4에 비해 전송속도 및 전력소비에 탁월한 성능 발휘.

- 관련종목 : 심텍, 엑시콘, 테크윙, 티에스이, ISC, 아비코전자, 코리아써키트, 유니테스트, 와이아이케이, 해성디에스 등.

3. 대선주

- 2022년 3월에 차기 대통령선거 예정.

- 대선주는 일반적으로 차기대선일 1년 6개월 전부터 움직이기 시작함.

- 후보자 지지율과 새로운 후보자 출현에 따라 지지율 변동.

- 관련종목(2020년 8월 현재) : 이재명 관련주(에이텍, 에이텍티엔, 쏠리드, 프리엠스, 인터지스,동신건설 등), 윤석렬 관련주(서연, 서연탑메탈, 모베이스 등), 이낙연 관련주(남선알미늄 등).

4. 폴더블폰 부품주

- 기존 휴대폰시장은 포화상태.

- 게임, SNS, OTT, 유튜브 등의 고객 취향 변화에 따른 넓은 화면의 핸드폰 필요.

- 2021년 삼성, MS 폴더블폰 판매. 2022년 애플 폴더블폰 판매 예정.

- 관련종목 : KH바텍, 유티아이, 디케이티, 비에이치, 세경하이테크, 켐트로닉스, 인터플렉스 등.

5. TOF모듈 부품주

- 2021년 애플의 TOF기술 본격 확대 적용 움직임 예상.

- 휴대폰에 공간인식 및 AR, VR 기술 도입.

- 애플이 본격 도입하면 삼성도 추격 도입 가능성 있음.

- 관련종목 : LG이노텍, 엠씨넥스, 파트론, 나무가, 하이비전시스템 등.

6. 바이오주

- 반도체를 이을 한국의 차기 먹거리로 정부차원의 지원 확대중.

- 문재인정부 3대 중점 육성사업(시스템반도체, 바이오헬스, 미래자동차)에 포함.

- 관련종목 : 셀트리온, 셀트리온제약, 삼성바이오로직스, SK케미칼, SK 바이오팜, 유바이오로직스, 셀리버리, 알테오젠, 유틸렉스, 펩트론, 아리바이오(kotc 종목) 등.

7. 전자결제 관련주

- 코로나19 등 질병으로 인한 언택트 결제가 크게 증가.
- 모바일쇼핑 결제 비중이 폭발적 증가 추세.
- 전자결제 비중 증가에 따른 실적 증가세가 가파르게 확대.
- 관련종목 : NHN한국사이버결제, 한국전자인증, KG이니시스, KG모빌리언스, NICE평가정보 등.

■ 독자 여러분의 소중한 원고를 기다립니다

　　메이트북스는 독자 여러분의 소중한 원고를 기다리고 있습니다. 집필을 끝냈거나 집필중인 원고가 있으신 분은 khg0109@hanmail.net으로 원고의 간단한 기획의도와 개요, 연락처 등과 함께 보내주시면 최대한 빨리 검토한 후에 연락드리겠습니다. 머뭇거리지 마시고 언제라도 메이트북스의 문을 두드리시면 반갑게 맞이하겠습니다.

■ 메이트북스 SNS는 보물창고입니다

메이트북스 홈페이지 www.matebooks.co.kr

　　책에 대한 칼럼 및 신간정보, 베스트셀러 및 스테디셀러 정보 뿐만 아니라 저자의 인터뷰 및 책 소개 동영상을 보실 수 있습니다.

메이트북스 유튜브 bit.ly/2qXrcUb

　　활발하게 업로드되는 저자의 인터뷰, 책 소개 동영상을 통해 책에서는 접할 수 없었던 입체적인 정보들을 경험하실 수 있습니다.

메이트북스 블로그 blog.naver.com/1n1media

　　1분 전문가 칼럼, 화제의 책, 화제의 동영상 등 독자 여러분을 위해 다양한 콘텐츠를 매일 올리고 있습니다.

메이트북스 네이버 포스트 post.naver.com/1n1media

　　도서 내용을 재구성해 만든 블로그형, 카드뉴스형 포스트를 통해 유익하고 통찰력 있는 정보들을 경험하실 수 있습니다.

STEP 1. 네이버 검색창 옆의 카메라 모양 아이콘을 누르세요.　STEP 2. 스마트렌즈를 통해 각 QR코드를 스캔하시면 됩니다.
STEP 3. 팝업창을 누르시면 메이트북스의 SNS가 나옵니다.